ANTHOLOGIE MITTERRAND

METHUEN'S TWENTIETH CENTURY FRENCH TEXTS

Founder Editor: W.J. STRACHAN, M.A. (1959–78)
General Editor: J.E. FLOWER

METHUEN'S TWENTIETH CENTURY TEXTS

ANTHOLOGIE MITTERRAND

Selected and edited by

Alan Clark

Senior Lecturer in French
University of Canterbury, New Zealand

Methuen Educational Ltd

First published in 1986 by
Methuen & Co. Ltd
11 New Fetter Lane, London EC4P 4EE

Introduction and Notes © 1986 Alan Clark

Printed in Great Britain by Richard Clay
The Chaucer Press,
Bungay, Suffolk

British Library Cataloging in Publication Data

Mitterrand, François
Anthologie Mitterrand. –
(Methuen's twentieth century texts)
1. France – Politics and government – 1981–
I. Title II. Clark, Alan
320.944 JN2594.2

ISBN 0–423–51510–1

CONTENTS

ACKNOWLEDGEMENTS

The editor and publisher would like to thank the following for permission to reproduce copyright material:

Éditions Julliard for extracts from *Le Coup d'état perma-nent*, Éditions Fayard for extracts from *Ma Part de vérité, Ici et Maintenant* and *Politique 2*, Éditions Flammarion for extracts from *La Rose au poing, L'Abeille et l'architecte,* and *La Paille et le grain, Le Monde* for extracts from various articles, Francisco Graells (PANCHO) for the drawing on p. xi, and the French Embassy, London for the photograph on p. viii.

ABBREVIATIONS

AM   *Anthologie Mitterrand* (Methuen Twen-
              tieth Century Texts, 1986)

PS   *Parti socialiste*
SFIO   *Section française de l'Internationale
              ouvrière*
PC   *Parti communiste*
MRG   *Mouvement des Radicaux de gauche*
UDSR   *Union démocratique et socialiste de la
              Résistance*
CIR   *Convention des Institutions républicaines*
FGDS   *Fédération de la gauche démocratique et
              socialiste*
PSU   *Parti socialiste unifié*
UNR   *Union pour la Nouvelle République*

In the Notes to the Introduction abbreviated bibliographical
references (e.g. Nay (1984), p. 100) are used where the work
concerned is listed in the Select Bibliography.

The official presidential portrait. June 1981. The photographer, Gisèle Freund, writes: 'Je me suis rendue à l'Élysée pour explorer toutes les pièces de cette demeure de Madame de Pompadour. Je cherchais un fond utilisable pour mon portrait. J'ai finalement choisi la bibliothèque qui me semblait convenir à un homme qui lisait beaucoup et qui avait publié des livres. Le Président s'est plié avec gentillesse à mes exigences et a accepté d'être présenté ainsi, en lisant'.

President-king, dominating the French political scene. November 1985.

INTRODUCTION

'Rien n'a jamais changé en moi de ce qui est profond,' President François Mitterrand confided to breakfast-time listeners to Europe 1 in June 1983.

For several reasons it was a claim that was both plausible and paradoxical. That an individual of so sinuous a personality and career as Mitterrand should in any fundamental respect have never changed appears on the face of it highly unlikely. Further, Mitterrand was not born on the Left: his family background and personal experience up to and including his Paris student days contained few elements which suggested the later socialist leader.

But in that case what did Mitterrand's radio claim – that his deepest self had not changed – suggest about the authenticity of the political convictions he embraced in later life? And yet without exception his biographers agree with Mitterrand's own regular assertions that his early personal background coloured indelibly – and often unconsciously – the ideas and priorities of the mature man, first as politician and minister, later as party leader and, since 1981, as President of the Republic.

According to Mitterrand's own retrospections on the

matter, this formative period ran from his earliest childhood days until the early Liberation period at the close of the Second World War.

François Mitterrand is a product of south-west provincial France, of part of what is known today as 'la France profonde': rural and small-town France, settled, both traditionalist and conservative, prosperous and, in the case of Mitterrand's family, firmly Catholic. With a population of some 4,000, the town of Jarnac lies between Cognac and Angoulême, on the Charente river. Mitterrand was born there, the fifth of eight children, in October 1916.

He grew up in a comfortable, stable home environment, in which a lively family atmosphere – rarely fewer than twelve at table – was enriched rather than constricted by the authentic moral firmness of his actively Catholic parents. Yvonne Lorraine, Mitterrand's mother, was a devout, cultivated, austerely self-disciplined woman, who doted on her family. His father, Joseph, was a distant, introverted, intelligent character, 'un homme très intelligent et très solide [. . .] un grand esprit', Mitterrand called him, in a 1972 interview[1] (cf. *AM*, p. 57). Because he had lacked the money to continue his education Joseph had been obliged to make his career in the P.O.–Midi (Paris–Orléans–Midi) railway company. Having begun as a ticket collector he had risen by 1916 to the post of stationmaster at Angoulême.

François and the other children readily adopted their parents' distaste for the social distinctions based on wealth which were rampant among the well-to-do cognac producers and merchants of the Jarnac region. Money was a forbidden topic of conversation at the Mitterrand family mealtimes. In other respects the family ethos was marked by tolerance and a strong streak of intellectual liberalism. At the same time the Mitterrands were solid God-and-country people, suspicious alike of foreign and modern godless influences (see *AM*, pp. 59–60). Nor was this in any way an exceptional cast of mind: in the two decades following the Russian Revolution of 1917 and the First World War, fear of and hostility towards Bolshevism and the Germans were attitudes widely spread among the French middle classes.

While Mitterrand readily agrees that his parents belonged to what he terms 'une bonne bourgeoisie de province', he is quick to add that on his father's side this was 'une bourgeoisie sans argent – donc, de salariés.'[2] What he does not emphasize is that on the other side of the family things were somewhat different. In some contrast to his father Joseph, Mitterrand's maternal grandfather, Jules Lorrain, was an exuberant individualist of sometime radical opinions who (as a dealer in cognac) had travelled widely outside France and spoke English well – unusual attributes to find in a modest provincial businessman at that time. Jules's commercial enterprise eventually produced, if not great wealth, certainly larger than typical family assets. In Jarnac the Mitterrands lived in a house which in fact belonged to grandfather Lorrain, while François and the other children spent several months of each year at Touvent, the grandparents' farm property, 'à la limite des départements de Charente et Dordogne' (AM, p. 58). By 1929 Joseph Mitterrand had inherited the control of a vinegar factory established by Jules.

Although he displayed little commercial ambition Joseph rose in the 1930s to head the Fédération nationale des fabricants de vinaigre. If his vocation was not as noble a one as producing Bordeaux or cognac, Mitterrand's father nevertheless ended his working life as a minor industrialist, with a fortune based on private capital, not as a wage-earning railwayman. Neither this progressive transformation of his family's economic circumstances, nor the international depression from which in the early 1930s France was suffering, figured prominently in young François's view of life.

'J'ai vécu mon enfance dans un autre siècle' (AM, p. 60), Mitterrand wrote in 1969, as a man in his fifties. The underlying sentiment is a double one: deep appreciation of the natural world and the tranquil patterns of life in provincial

France between the World Wars – and an implied regret that, in the last third of the twentieth century, the delights of that provincial world are under threat where they have not already disappeared.

Mitterrand's experience in youth and early manhood was entirely typical of his family and social origins. Like his brothers, François spent eight years of secondary education at the Collège Saint-Paul, a middle-class Catholic school run by the diocesan clergy, at Angoulême. Strict moral rules and routines – up at 5.45am, cold showers and daily mass, lights out at 8.00pm – posed few problems to the teenage Mitterrand who was at this time far more than conventionally assiduous in his religious practice and commitment to Christian good works.

Yet inevitably it was an insulated existence. Any consciousness of a harsher, external reality came, not from personal experience, but indirectly through his voracious consumption of literature. 'A dix-sept ans,' Mitterrand wrote in 1972, 'j'ai découvert Gide, Martin du Gard, Claudel, je suis devenu un fanatique de Paul Valéry. Dostoïevski, Tolstoï ont été des révélateurs de toute une foule de sensations, de réflexions: le malheur du monde.'[3]

Social and family orthodoxy also required that Mitterrand should undertake university studies in Paris. From October 1934 he did so, lodging in a Left-bank student hostel run by Marist fathers and successfully completing degrees and a postgraduate diploma in law and political science.

But in Paris this impeccably *sage* student began some limited exploration of alternative ideas and contemporary problems. Later Mitterrand would remember that his sympathy for the socialist Popular Front government of 1936 had been based on only a general sense of injustice, rather than on any harder social and economic information, still less experience (see *AM*, p. 61). At the time, if he was impressed by the eloquence displayed in the Assemblée Nationale by the new socialist Prime Minister Léon Blum, he remained convinced that society's problems could only be solved by organized Christian action, that is by some form of social catholicism.[4] He maintained friendships with members of anti-parliamentary nationalist groups, such as the Croix-de-Feu and even the extreme right-wing activist formation, the Cagoule. Mitterrand showed little developed awareness of the extent and urgency of major political issues of the day: the international depression, the rise of Hitler and the threat of fascism in France, the Popular Front and the fate of the Left in government, the Spanish Civil War.

Throughout his later political career periodic attempts were made to discredit Mitterrand for his alleged reactionary leanings in the mid-1930s. The accusations were invariably partisan and usually exaggerated. A militant for no one particular cause, the student Mitterrand was rather a political, and artistic, dilettante. As the recent product of a conservative, largely apolitical family milieu, he understandably spent his time listening to, evaluating – and enjoying – a wide spectrum of the contemporary intellectual and political debate: the antifascist intellectuals Malraux and Benda, La Roque of the Croix-de-Feu, the communist leader Thorez as well as the fascist Doriot (*AM*, p. 60).[5] Any more systematic involvement in politics was still a World War and some years away.

The Second World War exercised a decisive, durable influence on Mitterrand. Harsh, disruptive episodes combined with a suddenly expanded social experience to establish certain of his basic ethical priorities, and at least to initiate their translation into political orientations. Life accelerated. In 1939 Mitterrand was 23 and a raw army conscript. Seven years later, at 30, he was a minister in government.

In June 1940, near Verdun, Mitterrand was wounded in the course of his regiment's inadequate efforts to resist the German onslaught. Today President Mitterrand's right shoulder-blade still carries shrapnel fragments from the encounter. At the time Sergeant Mitterrand was awarded the Croix de Guerre for his pains – and taken prisoner. The following eighteen months were spent as a prisoner of war, first in Stalag IX A, near Kassel in Hessen (now part of West Germany).

It was during this period that the cultural cocoons spun by Jarnac, Angoulême and Paris were shucked off, and decisive lessons assimilated concerning equity, social and economic justice, and freedom (see *AM*, p. 62). The constituent elements of these lessons were: physical suffering and danger, material privation, exposure to social classes previously unknown, the demonstration that legitimate social organization is based on 'natural' moral standards, and the conviction that the established bourgeois order was quite inadequate. Many years later Mitterrand remained convinced that this period had been vital for his political formation. Not, obviously, that life among the POWs had been ideal. 'Mais', Mitterrand wrote in 1971, 'je n'ai pas connu de communauté plus equilibrée que celle-là' (*AM*, p. 66).

Life in Stalag IX A supplied Mitterrand with the embryonic origins of a personal, ethical socialism – but perhaps in too neat, too convenient a fashion to be entirely credible. It is not only sceptical opponents who have felt that his repeated elaborations of his POW experience in later writings (see *AM*, pp. 61–7) are in part motivated by the desire to create a consistent, polished legend able to underpin his political image as worthy leader of the socialist Left.

There was on the other hand nothing contrived in Mitterrand's grim determination to escape. As later with his campaigns to be elected President of the Republic, he was successful only at the third attempt (see *AM*, pp. 62, 66), escaping from a camp in Poland in December 1941. He was back in Jarnac for New Year 1942.

Vichy had become the political capital of the Pétain government established after the fall of France and the end of the politically decadent Third Republic. Thanks to family contacts Mitterrand found an administrative job there, with the Commissariat aux prisonniers de guerre. Behind this façade of modest bureaucratic respectability he was by August 1942 helping to produce clandestine identity papers and to estab-

lish escape networks for POWs on the run from the occupying German forces (see *AM*, p. 63). At the same time as
being attracted by some of the themes and declared ideals of
the Vichy government, Mitterrand was multiplying contacts
with resistance groups of the Maquis.

The ambiguity of Mitterrand's position was typical of
many French men and women who found themselves
groping towards political activism in the confused interim
period between the collapse of France (May 1940) and the
Nazi occupation of southern, Vichy France (November
1942). In Mitterrand's case the ambiguity was later regularly
exploited by political enemies intent on discrediting his wartime and Resistance record.[6] Mitterrand's tenacious reputation for shiftiness in matters of political alignment springs in
part from this period.

Often working with friends and associates either from his
Paris student days or from the Vichy Commissariat, from
February 1943 Mitterrand was fully committed to work in
the Resistance. His Resistance code name was Morland, after
a Paris metro station. Before long he emerged as the head of
the RNPG (Rassemblement national des prisonniers de
guerre), travelling, establishing contacts, expanding the
scope and effectiveness of the organization's activities.

This risky, clandestine work was not without its political
dimension. General De Gaulle wanted to fuse the RNPG
with a similar Gaullist movement. The move was intended to
unite further the Resistance effort under the General's leadership. When the pair met in Algiers, in December 1943, De
Gaulle ran up against the determination of the young,
unknown Mitterrand to defend the RNPG's autonomy of
identity and action. . . under his leadership.[7] For Mitterrand,
the Resistance and Gaullism were not interchangeable terms.
This was the start of the mutual suspicion between the two
future political leaders which lasted until De Gaulle's death
in 1970.

In 1944, Mitterrand rejected the post of administrative
head in charge of prisoners of war in De Gaulle's provisional

government. Pistol in hand, he helped to storm and liberate the offices of the collaborationist Commission générale aux prisonniers in Paris. In October, he was elected president of the MNPGD (Mouvement national des prisonniers de guerre et déportés), the national umbrella organization concerned to ensure the welfare of French war prisoners (between one and a half and two million of them) as they returned home. Finally, in the same month, he married Danielle Gouze, a young woman of staunchly republican and secular parentage.

'Il avait un imperméable mastic, des moustaches et un énorme chapeau qui lui descendait sur le nez. Avec un côté pas net. Bref, le genre de type en face duquel on n'aimerait pas se trouver seule au coin d'un bois.' Danielle's description of Mitterrand at this time is not flattering. In 1946, De Gaulle sought to defame Mitterrand in Parisian political circles: 'Méfiez-vous de ce Mitterrand,' he whispered, 'au fond, c'est un communiste.'[8] Both Danielle and De Gaulle were wrong. But Mitterrand's lack of popularity, and a reputation for deceit and untrustworthiness, both personal and political, were to colour his public image for the next forty years.

At the end of 1944 Mitterrand also found himself, politically speaking, unemployed.

POLITICAL CAREER, 1946–81: EXPERIENCE, STRATEGIES, IDEAS

In the course of his November 1985 press conference President Mitterrand referred to 'le début de ma vie politique qui, il faut que je vous l'avoue, remonte à assez loin'. This was a considerable understatement, and certainly no revelation. None of the assembled political journalists needed reminding that his forty years of parliamentary and governmental office made François Mitterrand, in the mid-1980s, one of the most experienced of France's political leaders.

His career falls into three stages:
– 1946–1958: mostly in power, under the Fourth Republic

  – 1958–1981: in opposition, under the Fifth Republic
  – Since 1981: President of the Republic.

The Fourth Republic, 1946–58

Politically the Fourth Republic (see *AM*, pp. 72–4) was a difficult, unstable period, one obliged to grapple with the Cold War, the restoration of the French economy, and with protracted decolonization struggles in south-east Asia and Africa. It eventually collapsed in institutional impotence over the failure to resolve the Algerian independence issue.

Mitterrand emerged from this period with a mixed record. On the positive side he had been a successful, young, polyvalent minister: at the end of the Fourth Republic in 1958, when he was still only 42, Mitterrand had occupied no fewer than eleven varied ministerial posts.[9] Although for political reasons he did not realize his ambition of being appointed Prime Minister (or Président du Conseil des Ministres, as the post was then known), few if any political leaders in the later 1950s doubted his ability to occupy the office. As it was, even throughout the Gaullist decade of the 1960s Mitterrand could boast of – and exploit – an experience of governmental office that was unsurpassed on both Right and Left.

Unfortunately for him this very experience was a mixed blessing. If richly varied, Mitterrand's record as a *député* was fluid where it was not contradictory: having set out in 1946 firmly to the right of the political Centre, he ended up twelve years later among the centre left, while avoiding allegiance with either of the principal parties of the Left, the SFIO and the PC. His ministerial record ranged from enlightened, reformist liberalism to unvarnished, even authoritarian, conservatism.

Such lack of consistency was all too typical of prominent political figures of the Fourth Republic and it served to identify Mitterrand with a régime that, after 1958, was universally discredited for its muddled policy and political ineptitude. It was an association against which Mitterrand found himself obliged to struggle when, from 1962, he tried to promote his claim to leadership of the non-communist Left. His image – one which was valid not merely on the Right, but also among most of his potential political allies of the Left – was that of an ambitious opportunist, intelligent and dynamic certainly, but skilled in compromise and manoeuvre, rather than in firmly principled integrity and ideological substance.[10] Even if he did serve in only one cabinet team that did not contain members of the SFIO,[11] throughout the Fourth Republic Mitterrand showed no evidence of a specifically socialist commitment.

This bedrock period of Mitterrand's political career cannot be discounted today. Strategic-pragmatic shifts of policy, the social-democratization of PS policy since 1982–3, the introduction of proportional representation for the 1986 Legislative Elections: these and other presidential initiatives introduced since 1981 illustrate the resilience and vitality in François Mitterrand's political personality of the legacy of the Fourth Republic.

After the Liberation, Mitterrand steadily cemented in his electoral base or, rather, bases. In November 1946 he was elected as *député* for a constituency in the *département* of Nièvre.[12] Standing as a candidate for the UDSR[13] he was supported by Church and employers' interests, and by conservative voters attracted by his campaign's blunt anti-communism at a time when the PC was the largest political party in France. His success on these terms, particularly among those who found it advantageous to recall his links with the Vichy régime, would reinforce Mitterrand's adhesive reputation as a man of the Right.

With no previous knowledge of the area Mitterrand had been 'parachuted' into the Nièvre constituency at two weeks' notice. He gained re-election in the following two Legislative Elections, in 1951 and 1956. In 1947 he was elected *conseiller municipal* for Nevers (Nièvre), retaining his seat throughout the Fourth Republic. Two years later he was elected *conseiller général* (departmental councillor) for Mont-sauche, also in Nièvre. As a result by 1949 Mitterrand had built up a solid multi-level provincial base: it was a source of political strength which both served his career and corresponded to personal inclination, to that love of rural provincial France so frequently evoked in his *Chroniques* (see, for example, *AM*, pp. 135, 156–7).

Throughout the Fourth Republic Mitterrand remained resolutely anti-communist. It was an attitude based in part on first-hand experience. In early 1947 during the Cold War, before he could start work as Ministre des Anciens Combattants, he had had physically to expel communist militants from his office. He subsequently eliminated them from key positions in his administration. In June 1958, he was justified in writing to his Nièvre electorate: 'J'ai toujours combattu le communisme. [. . .] Je lutterai sans faiblesse pour épargner à la France les horreurs d'une dictature collectiviste.'[14]

At the same time he was no less opposed to the economic conservatism and authoritarian tendencies displayed by the Gaullist RPF and by other parties of the parliamentary Right. Moreover, as the 1950s advanced, Mitterrand became more conscious of the need to integrate into national politics the five million or so voters who regularly supported the PC. The reason was simple: 'Sans les électeurs communistes, il n'y a pas de majorité de gauche'.[15] As it was, votes for the PC were 'wasted' on a party which after 1948 was (because of its ideological extremism and allegiance to the USSR) invariably relegated to a parliamentary ghetto of impotent opposition. If a reformist, republican Left was ever to gain power those communist votes would somehow have to be combined with votes for the SFIO, the UDSR and other parties of the democratic Left.

Mitterrand's repugnance was to the ideas and tactics of the PC, not to the hopes of its working-class voters: he increasingly saw these to be understandable and legitimate. A political ideal had to be married to a pragmatic analysis of the electoral means by which to realize that ideal. It is in this combination that, in the later years of the Fourth Republic, can be seen the earliest versions of Mitterrand's strategy of the union of the Left of the 1960s and 1970s.

As was also the case in the 1970s, ideal and analysis did not exclude a strong element of personal political ambition. In order to expand his provincial following to the national scale, Mitterrand implemented a seven-year, three-stage scheme to take over his party's leadership. In November 1953 he was duly elected president of the UDSR. At the age of 37, as minister, party leader and head of a parliamentary party group, Mitterrand had established his position as a leading figure of the French Left. This masterly, determined[16] enterprise prefigured his take-over of the leadership of the PS in the early 1970s.

Mitterrand's later reputation for imaginative, liberal reformism had by no means been unambiguously established by the end of the Fourth Republic. True, as Ministre de la France d'Outre-mer in 1950–1 his line of political and social reformism in French Black Africa was so relatively advanced that the parliamentary Right of the time condemned it as separatist and communist-inspired. In fact Mitterrand's policies were always cast within the framework of existing French colonial territories.

Consistent with this emphasis was Mitterrand's refusal or failure to come out in favour of independence for Algeria before the collapse of the Fourth Republic in 1958. As Ministre de l'Intérieur (and as such responsible for order in the Algerian *départements*), in late 1954 Mitterrand responded unhesitatingly with military force to Algerian nationalist bomb attacks. French colonial possession was not open for negotiation: 'La seule négotiation, c'est la guerre,' he asserted.[17]

As the Algerian War deteriorated in the later 1950s the contradictions inherent in his reformist colonialism proved more and more intractable. Only in March 1958 – when he no longer held ministerial office – did Mitterrand publicly condemn the use of torture by the French army in Algeria.

And even then, a matter of weeks before the effective end of the Fourth Republic, the nationalist Mitterrand remained determined that France should retain its possession: 'l'abandon de l'Algérie serait un crime,' he wrote.[18] Early the following year he did concede the necessity of negotiations with the Algerian nationalists, and even attacked the new De Gaulle government for its policy shifts over Algeria's future.

But by then, unlike some more progressive opinion on the French Left, Mitterrand was in a poor situation from which to criticize. In 1956-7 he worked as Minister of Justice in a government, headed by the socialist leader Guy Mollet, whose conduct of external affairs was more conventionally typical of the reactionary Right: repression, torture and military justice (in Algeria), militaristic diplomacy (in the Anglo-French Suez expedition, July–November 1956), violation of international law (the abduction of an Algerian leader, Ahmed Ben Bella, October 1956). Both the SFIO and Mollet emerged from this period with durable discredit.

Though not a member of the SFIO, as a senior minister under Mollet, Mitterrand suffered considerably by association. De Gaulle's self-installation in 1958 as head of the new Fifth Republic frustrated Mitterrand's ambition to become Président du Conseil – and added a further dimension to what was to be, throughout the 1960s, a fierce hostility towards the General. In the event Mitterrand never did manage to become Prime Minister. Instead, from the fall of the Mollet government (21 May 1957) he had to endure twenty-four years – to the day! – in the political wilderness of the Opposition before attaining (on 21 May 1981) his next government post, President of the Republic.

The Fifth Republic, 1958-81

Mitterrand spent the next two decades in a protracted double struggle. First, in tenacious opposition to the Fifth Republic founded and run from 1958 by De Gaulle. Second, in efforts to lead a united Left (in particular, the PC and the PS) to power.

The degeneration of the Fourth Republic – governmental instability and impotence in Paris, interlinked with civil and colonial war in Algeria – climaxed in mid-1958. On 13 May French army generals revolted in Algiers and, supported by the insurrection of a large part of the French population, they set up a Committee of Public Safety. Civil conflict in metropolitan France appeared likely. In Paris rumours of a military coup d'état served to increase public and political tension. On 24 May further public safety committees were established, this time in Corsica after the landing there of paratroopers from Algeria. Gaullist militants figured prominently throughout these weeks of destabilizing agitation.

Just two days after the generals' revolt in Algiers De Gaulle had announced his readiness to assume national power. In the last ten days of the month few political leaders in Paris saw any alternative; most rallied to the General. Following the resignation of Prime Minister Pflimlin on 1 June, De Gaulle was installed in his place by the National Assembly. At his request he was granted emergency powers for six months (to deal with the critical Algerian situation), and the authority to submit a new constitution for approval by referendum.

De Gaulle was now in command and the Fifth Republic a matter of months away: for all practical purposes the Fourth Republic was at an end. On 28 September 1958 almost 80 per cent of voters approved the draft constitution proposed to them by De Gaulle. In December an electoral college elected De Gaulle as the first President of the new régime.

While the process by which De Gaulle had returned to power had been legal, for Mitterrand at least it had not been legitimate (see *AM*, pp. 74–6). With only three other UDSR deputies Mitterrand voted against De Gaulle's investiture as the last Prime Minister of the Fourth Republic. In the short term he paid a stiff political price for his minority stand: in November 1958, at the first Legislative Elections of the

Fifth Republic, Mitterrand was defeated in his Nièvre constituency.

These elections were marked by a nation-wide wave of electoral support for the newly established Gaullist party, the UNR. However Mitterrand's defeat in the Nièvre was produced by the disarray of the parties of the Left in the election's second round: while the communist candidate stood down in Mitterrand's favour, the SFIO candidate did not, and in this way split the left-wing vote.[19] It was an object lesson in the electoral indispensability of a united Left, one which underlay Mitterrand's strategy for the Left at least until 1981.

As it was, Mitterrand – a former Minister of Justice – found himself, until the early 1960s, obliged to earn a living as a barrister at the Paris bar. The period was for him one of reading, travel (to China, Africa, Iran) and writing (journalism and essays: *La Chine au défi, Le Coup d'état permanent*). These were relative emphases only: direct involvement in politics was modified, never abandoned. In March 1959 he was elected maire of Château-Chinon, in the Nièvre, as always. The following month, thanks to his long-established provincial base, he was elected to the Senate, the upper house of the French Parliament.

In combination with his articles and books, the Senate became for more than three years the tribune for the expression of his intransigent hostility to the Gaullist régime. His approach was forceful, direct to the point of insolence. Writing in *La Nef* in April 1959, Mitterrand asserted:

> La tâche prescrite consiste à lutter bec et ongles, en compagnie de ceux qui le voudront, contre les groupes qui le 13 mai [1958] se sont emparés des leviers de commande. [. . .] Tout ce qui permettra d'abattre la coalition politico-économique sans âme et sans vraie grandeur qui nous gouverne et qui tient l'État dans ses rets sera bon.[20]

Coming from a democrat the suggestion that all means are justified in getting rid of the Gaullist régime might seem alarming. In practice Mitterrand concluded more prudently that the forces of the republican Left must organize themselves, in alliance if need be with the PC, to eliminate Gaullist domination – 'cette dictature à masque bonasse' as he called it[21] – by the institutional means of electoral victories (see *AM*, p. 95).

The establishment of De Gaulle's republic had, paradoxically, supplied Mitterrand with a spring-board for his strategy for resurrecting and uniting the French Left. It was to be a long and arduous haul. In a similarly unpredictable fashion the Observatory affair (October–November 1959) hardened Mitterrand's hostility towards the Gaullist government, made of it a more personally passionate stance in response to that government's efforts to blacken his reputation once and for all.[22] The radicalization of Mitterrand's political ideas may also find part of their origins in this scandal: his detestation of the Gaullists whether in government, financial circles or industry – 'ce clan insolent', he termed them – certainly provided fertile ground for his anti-bourgeois republican outrage at this time. Over the next decade this ethical socialism would be progressively supplemented and stiffened by a collection of more ideologically socialist positions.

In October 1962, 62 per cent of voters in a referendum supported De Gaulle's proposal that in future the President of the Republic should be elected by universal suffrage. This development confirmed Mitterrand's conviction of the dictatorial character of the Gaullist régime. In Legislative Elections held the following month the Gaullist UNR gained the largest victory of any French political party since the Liberation, taking almost 32 per cent of the votes. [23] It was some consolation for Mitterrand that, in the teeth of this onslaught, he succeeded in winning back his seat as deputy for Nièvre.

In the new National Assembly members of the dominant UNR made frequent, ferocious assaults on Mitterrand's clouded past (Vichy, l'Observatoire). In so doing the

Gaullists unwittingly recognized what the parties of the parliamentary Left were reluctant to concede, namely Mitterrand's emerging status as the effective leader of the Opposition. This was a position confirmed by Mitterrand's publication, in May 1964, of *Le Coup d'état permanent* (see *AM*, pp. 72–80). The essay is a relentless polemic against the juridical basis and policy performance of De Gaulle's Fifth Republic. It has subsequently turned out to be an unintended source-book for the inconsistency – some would say blatant contradiction – between Mitterrand's radical criticism of presidential power under the Fifth Republic, and his accession to and wielding of that same power, as President of the Republic since 1981.

As it was, in the year following the publication of *Le Coup d'état permanent*, Mitterrand mounted his first challenge for that supreme position.

Mitterrand's efforts to create the organizational means to implement his ideas were producing early results. An indication of this was the emergence, in June 1964, of the CIR.[24] This was the outcome of complex amalgamations between more than fifty minor clubs and groupings of the republican independent Left (that is, with ties neither to the PC nor to the PS). The CIR had a double aim: to revive a stagnant and depleted Left and, less evidently, to mount a challenge against De Gaulle in the first universal suffrage Presidential Election, to be held in late 1965. As with the UDSR from 1953 (see above, p. 12), Mitterrand could now speak out no longer merely as an isolated individual but as the representative head of a (modest) party.

Mitterrand had known since the referendum of October 1962 that he would run for the presidency. His emergent double strategy – uniting the Left, running for the presidency – would from this period run in tandem, each half of the strategy indispensable to and justifying the other. From 1963 he multiplied informal, discrete contacts with the now shrunken and discredited SFIO of Mollet. In the course of them he repeated his conviction that 'le choix socialiste est la seule réponse à l'expérience gaulliste'.[25] Mitterrand was proposing a kind of strategic socialism, a version of socialism he had come to adopt as a result of both his Fourth Republic experience and of his farsighted analysis that saw a revived, expanded, democratic Left as indispensable to removing the Gaullist régime.

But was not this an electoral, instrumental view of the SFIO – socialism as a convenient stick with which to beat the Gaullists? Didn't such a view pass too quickly over the content – the ideology and principles – of socialism? Many on the French Left thought so. Part of Mitterrand's task from the mid-1960s was to erode such reservations. In its essentials his argument was solid. However fine and desirable the content of democratic socialism might be, its official representatives (in the SFIO in particular) would be unable to apply it without power. And, for good or ill, under the Fifth Republic power lay above all with the President of the Republic. The central issue was therefore simple: how was the Left – divided, weakened and the object of suspicion from both within and without – to organize itself in order to capture the Presidency? Mitterrand's candidature in 1965 supplied an initial response to this vital, unavoidable question.

By the middle of 1965 the socialist Gaston Defferre had failed in a bid to establish an electoral federation (between the democratic Left and the minor centrist parties) to support his presidential candidature. Defferre's enterprise foundered largely because he refused to negotiate the support of the undemocratic PC; in so doing Defferre abandoned all effective claim to the support of the PC's 4–5 million voters. Union to the right of the SFIO did not work. By elimination the way was cleared to try the only alternative strategy, that proposed by Mitterrand, which sought to build some form of electoral alliance to the left of the SFIO, an alliance, that is, between the socialist and the communist Left. At the same time, with Defferre out of the running, the way was cleared for Mitterrand's own presidential candidature.

Delicate confidential negotiations between Mitterrand and the leaders of the PC, the SFIO, the PSU, radicals and numerous intellectual groups of the Left produced no insuperable obstacles. In September 1965 Mitterrand announced his candidature. It was officially supported by both the PC and the SFIO, although Mitterrand was a member of neither party. In the Presidential Election itself, held in December 1965, he confounded pessimistic forecasts, compelling De Gaulle to an unexpected second-round run-off in which he, the candidate of a united Left, received 45 per cent of the vote.

The force of Mitterrand's strategy was plain: just three years earlier (in the Legislative Elections held in November 1962) the PC and the SFIO had between them attracted only 34 per cent of the vote. Moreover, Mitterrand's double strategy (see above, p. 17) had thrown up a double result. The validity of his 'union of the Left' argument had been confirmed. So also had Mitterrand's position as the most effective candidate to embody that policy.

> La gauche, c'est tout ce qui se bat pour les libertés individuelles, pour la justice, l'égalité sociale. [. . . La gauche] est associée à la misère du peuple, mais aussi à son espérance. La gauche, ça signifie l'amour entre les peuples, l'amour entre les hommes. Mais qu'est-ce que la gauche sinon le parti de la liberté, encore et toujours?[26]

Taken from his 1965 election campaign, these expansive assertions of Mitterrand strongly suggest that his political thought of the time was still inspired more by broad Christian-humanitarian aspirations than by specifically socialist analyses and arguments. By the Catholicism of his upbringing, rather than by the Marxism to which both the SFIO and the PC then officially adhered. In the aftermath of the 1965 Presidential Election Mitterrand found himself the inevitable if not undisputed national leader of the French Left, whether in parliament or in the media. It was an extraordinary situation for an individual who was not the leader of a major party and who was not recognized for his established commitment to socialism. His strengths to date lay in his electoral strategy and in his assiduously cultivated media notoriety. Ideological principles and party programmes would have to wait.

Mitterrand now pushed ahead to remedy the organizational limitations of 'l'Union de la gauche'. He did so in two stages. First, in December 1965, was launched the FGDS, a federation of the non-communist parties of the Left – SFIO, Parti radical and CIR.[27] Inevitably, it was Mitterrand who was elected its first president. Under his impulse the FGDS looked to develop relations with the PC in a fashion then unprecedented under the Fifth Republic. In December 1966 the FGDS and the PC signed an electoral co-operation agreement (for the March 1967 Legislative Elections): in order to maximize the total number of left-wing deputies elected, only the best placed candidate would stand in second-round run-offs. As in the 1965 Presidential Elections, so in the 1967 Legislative Elections the electoral effectiveness of a Left in agreement was firmly demonstrated: the Gaullist majority in the National Assembly was reduced to a handful of seats as both the PC and especially the FGDS sharply increased the number of their deputies.

In February 1968, an initial platform of common policy was signed by the FGDS and the PC, rounding out and giving some limited substance to what to date had been one-off agreements covering specific elections. So far so good: in the five years since 1962–3 Mitterrand and the Left had made encouraging progress and now saw themselves within striking distance of overturning the Gaullist majority. Now came a period of setbacks which cost them a delay of some three years and threatened the eventual success of the union of the Left enterprise.

'Les événements de mai' – spectacular demonstrations by students and workers, and a national strike, in May–June 1968 – took place in autonomous indifference to the established parties of the parliamentary Left. 'Il [Mitterrand] pourrait toujours servir' was the dismissive position adopted towards the leader of the official Opposition by Daniel Cohn-Bendit, a prominent leader of the unofficial student Left on the streets.

Mitterrand for his part reacted to the events conventionally enough. In parliamentary debate he protested at police brutality against the demonstrators, demanded an amnesty for imprisoned students, called for the resignation of the Pompidou government and for a reform of the university system. But in other respects Mitterrand was not *of* May 1968: paradoxically his strategy for taking over the Gaullist régime presupposed at least the constitutional continuation of that régime. The students' slogan of 'Dix ans, ça suffit!' offered an inadequate alternative – initially attractive, but intellectually dishevelled, merely spontaneous, hopelessly utopian – to Mitterrand's far more patient, positively structured, literally systematic subversion. The students had not done their homework. Mitterrand had. Hence his later negative assessment of May 1968 (see *AM*, pp. 97–101).

His lack of sympathy did not, however, exclude an attempt to exploit the Pompidou government's crisis to the advantage of the Left. In a press conference called on 28 May 1968 Mitterrand envisaged (anticipated?) President De Gaulle's resignation (following a referendum which De Gaulle had announced four days previously, and which like many others Mitterrand thought the General would lose), and announced his own candidature for the subsequent Presidential Election. Thanks in part to a distorted television presentation of the press conference,[28] Mitterrand was widely seen to be jumping the gun: as the presidency was not – yet – vacant, surely the opportunist Mitterrand was acting unconstitutionally? What if the old illegal, revolutionary habits of the communists and the extreme Left were rearing their heads again?[29]

De Gaulle took his chance to exploit such public fears. In a radio broadcast two days later he dropped the idea of a referendum, referred derisively to 'ces politiciens au rancart' who wanted his office and, by dissolving the National Assembly, called for early Legislative Elections. For the one million euphoric Gaullist supporters who paraded down the Champs-Elysées later that day there was little doubt who was the villain of the piece. Their slogans included: 'Mitterrand, tu n's'ras pas président!', 'Mitterrand, c'est raté!', 'Mitterrand, fous-le-camp!', and even 'Mitterrand au poteau!'

The Legislative Elections held at the end of June 1968 reflected the French electorate's rejection both of the disruption caused by the May Events and of an Opposition identified – largely in the person of Mitterrand – with an undemocratic attempt to take power. The Left was severely mauled: both the PC and the FGDS lost more than half their seats in the National Assembly. With the single exception of Mitterrand all CIR deputies lost their seats.

The Soviet invasion of Czechoslovakia in August 1968 made any further development of association with the PC politically unthinkable. Mitterrand's leadership of the Left was now threatened, his presidential and union of the Left strategies at a low ebb. Much of the advance that had been achieved since 1963 had seemingly been lost. To the journalist Michèle Cotta Mitterrand admitted: 'Oui, je suis aujourd'hui l'homme le plus haï de France.'[30] For all that the analysis underpinning Mitterrand's strategy had lost none of its validity. However unpopular and isolated they might be for the moment Mitterrand and his union of its constituent parties remained indispensable to the Left.

That this was the case was demonstrated in the Presidential Election held a year later, in June 1969.[31] Returning to its old ways the Left went into battle *en ordre dispersé*, with competing candidates representing its constituent parties, the PC, the SFIO and the PSU. Not one made it through to the election's second round. The communist candidate, Jacques Duclos, did well in attracting 21.5 per cent of the vote. The bare 5 per cent of votes which went to Defferre, the SFIO's candidate, illustrated with unarguable force the

Left's needs: for some form of union, for a far stronger democratic socialist party – and for Mitterrand.

Union and equilibrium (between communist and non-communist parties: see *AM*, p. 95) of the Left, and an effective presidential candidate: for these objectives Mitterrand now laboured hard on several levels. In the four years from late 1968 he made progress towards them that, if usually unspectacular, was to prove fundamental.

By the end of 1968 the CIR was putting some ideological backbone into its socialism. Debate stressed the impossibility of establishing economic democracy within capitalist society, and looked (as Mitterrand put it to the CIR's congress, in October 1968) to 'la socialisation des moyens essentiels d'investissement, de production et d'échange' as a potent means to bring about such democracy.

This was the time of Mitterrand's official conversion to socialism (see *AM*, pp. 86–93), a period when he succeeded in integrating his earlier Christian-ethical, aspirational socialism with (at least some elements of) the Marxist analyses which formally still underpinned the policies of the PC and the SFIO of the day. For some the conversion was less intellectually authentic than politically opportunist. According to the Marxist old guard leader of the SFIO, Guy Mollet, it was no more than a rhetorical gloss: 'Mitterrand n'est pas devenu socialiste, il a appris à parler socialiste, nuance!'[32]

Certainly Mitterrand soon put the newly socialist CIR to good political effect. In November 1968 he resigned from the FGDS in disgust at manoeuvrings against him among the leadership of Mollet's now decrepit SFIO. Two and a half years later Mollet and the SFIO were memories: Mitterrand had steered his way to the leadership of the new socialist party, the PS.

In June 1969, within days of the Presidential Election in which he had been successful by his absence, Mitterrand published a long interview-essay, *Ma Part de vérité*. Most critics regard this 'livre de souvenirs, d'analyses, de définitions'[33] as his most successful political writing. In it

Mitterrand sought to define, establish and promote a political personality that if not new was substantially remodelled: a major source of personal and political autobiography, *Ma Part de vérité* intends to anchor its author firmly on the socialist Left. While not concealing his political past – 'le beau marquis pressé de la IVe République', as he is still remembered today[34] – Mitterrand lays long and argued emphasis on his present ideas and objectives. Certainly he wastes few opportunities to dramatize his own political legend, but by the end doubt concerning his political allegiance is no longer possible. 'La gauche,' Mitterrand concludes, 'c'est maintenant le socialisme' (see *PV*, p. 168).

Whatever else it might be, the Left certainly was now no longer the SFIO. In a belated attempt to avoid political oblivion, Mollet's party formally transformed itself (in July 1969) into the PS. Mollet himself at last retired, leaving the new party under the leadership of Alain Savary. In Mitterrand's estimation the change was ineffective, merely cosmetic: too little, too late. But while refusing to become a member of Savary's PS Mitterrand was meticulously organizing – some said plotting – a take-over of the party at its next congress in 1971.

Complicated, protracted and confidential manoeuvres followed. To reduce them to their simplest terms, Mitterrand's method consisted of accumulating a majority of congress delegates' votes by combining a heterogeneous – and short-lived – alliance of minority groups within the party with (pro-Mitterrand) CIR members who would agree to join the PS *en bloc* in order to gain voting rights.

Mitterrand's success in bringing off this calculating enterprise at the Épinay congress of the PS (June 1971) has since been enshrined in French socialist mythology.[35] On the day it was a close-run thing: in the decisive vote the Mitterrand motion was adopted by the narrowest of margins and without attracting a majority of the delegates' votes.[36] Much less ambiguous was Mitterrand's vigorous reaffirmation, in his speech to the congress, of his commitment to socialist principles and policies. Rhetoric, idealism and ideology were present in similar proportions:

> Celui qui n'accepte pas la rupture [. . .] avec la société capitaliste, celui-là, je le dis, il ne peut pas être adhérent du parti socialiste. [. . .] Il n'y a pas, il n'y aura jamais de société socialiste sans propriété collective des moyens de production, d'échange et de recherche. [. . .] Le véritable ennemi, j'allais dire le seul, [. . .] c'est le monopole! terme extensif pour signifier toutes les puissances de l'argent, l'argent qui corrompt, l'argent qui achète, l'argent qui écrase, l'argent qui tue, l'argent qui ruine, et l'argent qui pourrit jusqu'uà la conscience des hommes![37]

Mitterrand was elected leader (Premier Secrétaire) of the PS on 16 June 1971. He took out his first membership card for a French socialist party on the same day. At the age of 54 Mitterrand had become, officially, a socialist.

The following decade saw the rise of the Left in accordance with Mitterrand's strategy. From the dismal failure of 5 per cent of the votes for the socialist candidate in the 1969 Presidential Election to Mitterrand's clear victory in 1981, with 52.2 per cent.[38] Both personally and politically it was the most successful period yet of Mitterrand's career.

All was in place for this triumphal ascent a bare year after Épinay. Several months of hard-bargained elaboration produced a new PS policy programme. This unambiguously socialist, even utopian platform, called *Changer la vie* (no less!), was adopted by party congress in March 1972. Just three months later a *Programme commun de gouvernement*, in effect a common policy platform, had been negotiated, agreed to and signed by both the PS and the PC. For the first time in half a century a united Left had become a political reality. In *La Rose au poing* (written in 1972, published early the following year), Mitterrand explained and expanded on these remarkable developments: the PS's policy vitality and the no less novel union of the Left.

The restoration of the French socialist party constitutes in itself a major achievement. Under Mitterrand's leadership membership of the PS grew considerably: 1971, 80,300 members; 1981, 205,000.[39] More importantly it diversified its electoral support to areas (the Catholic west and east of France) and socio-economic groups (the young, women, white-collar workers, urban professionals) previously relatively unwilling to vote socialist. In many of these cases the traditionalist elements of Mitterrand's personal background and his established reputation as a political moderate helped to attract voters who otherwise would have been reluctant to vote for a more radical PS, still less for any political alliance which included the PC.

As party leader Mitterrand did not shrink from authoritarian manipulation (at the PS's biennial congresses) of the competing 'courants' or sections within the PS in order to maintain a coherent, formally united party. Ironically, his sovereign, personalized leadership style was not without its Gaullist features (dramatic threats to resign, secret dealings). A useful apprenticeship in some ways for his own presidential office.

Although in the 1970s 'la marche triomphale de François Mitterrand'[40] eventually proved to be irresistible, the advance by no means enjoyed smooth going all the way. Three major obstacles in particular had to be overcome.

Mitterrand suffered a second defeat in Presidential Elections when he lost by a slight margin to Valéry Giscard d'Estaing in 1974. The election came just too early, before the electoral fruits of 'l'Union de la gauche' were fully ripe. Had President Pompidou's term run its full course (to 1976; Pompidou died in office) Mitterrand might well have come to power earlier than he did.[41] Yet, again the strategy held good: Mitterrand was the undisputed leader of a Left united around the PS and the PC at elections and, for policy, by the 1972 Programme commun.

But not for long. The second obstacle was precisely the

breakdown in 1977 of 'l'Union de la gauche'. The electoral impact of the union strategy turned out to be highly successful for Mitterrand and for the PS – but not for the PC. Between 1973 and 1977 a string of national elections at various levels (Legislative, Cantonal, Municipal) successively demonstrated that the principal beneficiaries of the dynamic created by the united Left strategy were the socialists. By 1977 the normal situation of the 1950s and 1960s had clearly been reversed and the PS, not the PC, had become the larger of the two parties of the French Left. The PC was on the way to being reduced to the status of a subsidiary party of the Left.

The prospect of this process being repeated and even intensified at Legislative Elections in 1978 prompted the discontented PC hierarchy to react: the union of the Left effectively broke down when PC negotiators withdrew (September 1977) from talks with the PS intended to update the terms of the Common Programme. No longer even in electoral alliance, the parties of the Left consequently failed to gain the victory in the 1978 Legislative Elections which their electoral performances since 1973 had indicated was theirs for the taking.

During the 1970s the PC lost at least a quarter of its regular share of the national vote. By 1981 it had been reduced to levels of support far lower than anything experienced since the Second World War. Mitterrand both reintegrated the PC into the mainstream of French political life (from the opposition ghetto into which it had been relegated since the 1950s: see above, p. 11) and contributed materially to its decline by building in the PS a credible alternative for voters on the Left.

Again, Mitterrand had seen things clearly. The union of the Left for him was not only a joint battle against the forces of the Right, Gaullists and others. It was also an electoral competition within the Left, which the PC could not avoid joining, but which the PS would win. On this point at least the conventionally devious Mitterrand was perfectly frank.

'Notre objectif fondamental,' he told a meeting of the Socialist International as early as 1972, 'c'est de refaire un grand parti socialiste sur le terrain occupé par le PC lui-même, afin de faire la démonstration que, sur les cinq millions d'électeurs communistes, trois millions peuvent voter socialiste'[42] (see *AM*, p. 96).

Mitterrand's campaign slogan for the 1965 Presidential Elections had been 'Un Président jeune pour une France moderne'. This would no longer do. In 1978 Mitterrand was 62; when the next Presidential Elections came round, in 1981, he would be 65. He had lost his last two elections (1974 Presidentials; 1978 Legislatives). His strategy had been successful, but had perhaps run its course. Retirement was perhaps now called for.

The challenge to Mitterrand's leadership – the third major obstacle – was mounted from 1978 by Michel Rocard. Rocard was young (48 in 1978), and far more popular than Mitterrand with French opinion at large. He projected a sympathetic public image of dynamism and economic expertise – 'l'incarnation d'une rationalité technicienne'[43] – never associated with Mitterrand. His political appeal was strongest to the social-democrat right of the PS and, more generally, among centre-left reformist opinion outside the party. His public scepticism concerning certain established socialist policies (nationalization, economic planning and the role of the state) provoked regular attacks from the Mitterrandist majority within the PS, as well as from the communists.

Rocard's challenge from 1978 was both to the recently deceased union of the Left strategy (with which Mitterrand, not Rocard, was identified) and to Mitterrand's continuing right to be the preferred presidential candidate of the PS. Typical of Rocard's well publicized attacks against Mitterrand at this time, a notorious, carefully prepared reference on Europe 1 (September 1978) to 'un certain archaïsme' was clearly intended to consign Mitterrand and his allegedly superannuated ideas to the past once and for all.

Opinion polls have no formal democratic status. To Rocard's media offensive Mitterrand's response was to ensure his control of a majority in the PS. The following party congress (held at Metz, April 1979) achieved this end after a direct confrontation in debate between leader and challenger. The Metz congress had been diligently prepared by a rising generation of Mitterrand supporters – Fabius, Jospin, Bérégovoy, Auroux, Quilès. They would all receive important ministerial positions in Mitterrand's government after 1981. Without the backing of the party Rocard had no alternative but to withdraw his proposed candidature when, in November 1980, Mitterrand announced that he intended to stand again.[44]

In May 1981, obstacles overcome, Mitterrand was elected President of the Republic, at the third attempt. With 52.2 per cent of the votes, his margin of victory was more than three times greater than that obtained by the same opponent, Giscard d'Estaing, seven years earlier (see above, p. 26). For the first time France had elected a socialist head of state and government.

At the same time Mitterrand's win was not without its fragility and its paradox. French voters did not turn socialist in May 1981: heavy right-wing abstentions in the second round of voting indicated that the outcome was less a matter of Mitterrand's victory than of Giscard's defeat. When after May 1981 the performance of the Mitterrand government was felt to be even less palatable than that of Giscard's had been those abstainers soon returned to swell the ranks of the Opposition.

As a consequence of the breakdown of the union of the Left in 1977 (see above, p. 27) no common presidential candidate of the Left had been agreed on. Unlike the situation in the Presidential Elections of 1965 and 1974, in the first round in 1981 the PC and the MRG (the PS's partners in the 1972 Common Programme) had both presented candidates against Mitterrand. It was the first time that Mitterrand had run for the presidency in the absence of either an electoral alliance or a programme of government with the other parties of the Left. Yet, paradoxically, this time he had been elected – thanks in the main to communist voters preferring to vote for Mitterrand rather than for the communist candidate. Although no longer operational on the levels of electoral alliance or common policy programme, Mitterrand's strategy of 'l'Union de la gauche' had functioned informally – and effectively – at the grass-roots electoral level. Disunited Left or not, Mitterrand's personal, resolutely pragmatic presidentialist drive – decided upon in 1962 (see above, p. 17) – still worked.

MITTERRAND AS PRESIDENT, 1981-5

'Mitterrand a changé beaucoup de choses, mais lui n'a pas changé.' Mitterrand was speaking of himself in a prime-time television interview in April 1985. Not even his worst political enemy would find fault with the first half of his claim: large sectors of French society have indeed been greatly changed under Mitterrand's presidency, many permanently. The second half of his assertion is more ambiguous. To claim that between 1981 and 1985 he, Mitterrand, has not changed his political personality, his principles and policies, would today seem to many French observers, including many on the Left, to be fatuous or provocative, or both.

Yet, considered in the light of his background, of his immense experience, and of a political temperament that is a product of both, Mitterrand is not different. The responsibilities of presidential office, national and international economic circumstances, and political pressures have combined to throw his ingrained doctrinal pragmatism into sharper public profile than ever before, to accelerate its operation at times. They did not, however, create it. If the Mitterrands of before and after May 1981 appear to contradict each other, they do so within a single, continuing identity that is as much psychological as political in character.[45]

From the first Mitterrand conformed smoothly to the pattern laid down in the early years of the Fifth Republic by

De Gaulle himself, regularly affirming the pre-eminence of presidential authority and his determination to use that authority to the full extent of its constitutional potential. In an early interview he told *Le Monde*: 'J'exercerai dans leur plénitude les pouvoirs que me confère la Constitution. Ni plus ni moins.' In his first presidential press conference (24 September 1981) Mitterrand asserted in the clearest of terms his pre-eminence in determining and implementing governmental policy: 'Je suis le premier responsable de la politique française. [. . .] Le Premier Ministre et les ministres doivent exécuter la politique définie par le Président de la République.'[46]

He was as good as his word. Within hours of taking office he used his constitutional authority to dissolve the National Assembly (as De Gaulle had done, in June 1968: see above, p. 22): the resulting Legislative Elections produced an absolute majority of PS deputies in the Assembly 23. Like De Gaulle (and Pompidou and Giscard d'Estaing: see *AM*, pp. 103–7), Mitterrand has since 1981 exercised direct control of French foreign and defence policies. In the first months of his *septennat* in particular the new President's influence was dominant in determining top-level public appointments: not merely in the choice of Prime Minister (Pierre Mauroy) and the other members of government, but also of key positions in the National Assembly and national administration (*préfets*, ambassadors, university rectors, heads of the new nationalized sector and, to an extent, of state television and radio). The principal positions within the PS, whether inside or outside Parliament, were allocated to reliable supporters on presidential insistence.

This organized concentration and exercise of power has been the most prominent single feature of French government since 1958. In Mitterrand's case conforming to the rule has not been a hardship. The distant, sometimes autocratic head of the French Left and First Secretary of the PS has since 1981 intensified the monarchical features of his temperament: cultivating his sphinx image by infrequent

(until late 1985) media appearances, dramatic policy inter-
ventions, and the donning of 'un masque césarien' of im-
passive, impenetrable facial expression. By 1983 presidential
power had produced isolation, distance from public opinion:
'[Mitterrand] est devenu l'Inca, celui qui est d'une autre
espèce parce qu'il gouverne les hommes'.[47] The Inca kings
were powerful, but not popular. Two years into his presidency, nor was Mitterrand.

'Nous avons tant à faire ensemble,' Mitterrand had
asserted on the night of his election (AM, p. 164). Determined to implement the commitments of his 1981 electoral
platform – '110 Propositions pour la France' – while still
enjoying historically high levels of public support, he pushed
ahead in the second half of 1981 with a reformist offensive
intended to cement in place what Prime Minister Mauroy
called 'le socle du changement'. Enhanced state involvement
in national economic organization and the reduction of
social injustice: this double tradition of French socialism[48]
– regularly evident in the essays of Mitterrand before
1981 (see for example AM, pp. 91, 121) and throughout his election campaign – underlay this early torrent of
reforms.

Structural reforms centred on a programme of industrial
and financial nationalizations[49] and on the decentralization
of the French administrative system, 'la grande affaire du
septennat'. Again, both reforms had long been advocated
and argued in Mitterrand's essays (see AM, pp. 111–22).

The increased state involvement in the French economy
was fiercely contested by the conservative Opposition
parties. Ironically Mitterrand – the shifty, unreliable political manoeuvrer of old – was now being attacked for keeping
his word and implementing a core socialist symbol. Presidential involvement concerning the form of nationalization to be
adopted was at times direct and decisive: Mitterrand insisted
on full, 100 per cent financial nationalizations of the firms
involved, rather than establish a far less costly form of state

control by purchasing only a 51 per cent controlling interest of the total shareholding.

'Décentraliser, maître mot de la démocratie moderne' (*AM*, p. 161) had been Mitterrand's watchword from the 1960s. French governments since the Fourth Republic had paid intermittent lip-service to the same idea, but Mitterrand's was the first really to get to grips with decentralizing French executive authority and administrative procedures. Substantial financial and administrative powers were transferred to the *communes* and *départements*. In addition both were given the power to develop social and economic policies at their respective local levels. Executive authority in the *département* was transferred from the state's nominated representative, *le préfet*, to the elected local representative, *le président du conseil général*. A new third tier of elected local authority, *la région*, was created, with particular responsibilities for larger scale economic development. The massive legislative programme necessary – some twenty major bills and more than 180 governmental decrees since 1981 – became fully operative only in early 1986. While its full effects will not be apparent for some years there is every chance that this administrative revolution will turn out to be the most enduring legacy of the Mitterrand presidency.

Social injustice was tackled, in 1981–2, on three interconnected fronts. Welfare benefits, old-age pensions and minimum wage levels were significantly increased to improve the situation of 'les défavorisés', those poorer sections of French society which had allegedly been neglected under Giscard d'Estaing's liberal capitalist policies.

Secondly, a raft of reformist innovations tried to combine progressive social policy, and the promotion of 'le temps de vivre' (see *AM*, pp. 128–32), with what Mitterrand's government loudly proclaimed to be the absolute priority: the fight against unemployment. What came to be known as 'le traitement social du chômage' introduced, among other measures: a fifth week of paid holidays, the 39-hour working

week, the right to retirement at 60, incentive schemes to promote early retirement and part-time employment as means to
increase job numbers, job training programmes for 16–25
year olds (see *AM*, p. 167).

Overarching these reforms lay, thirdly, the Mitterrand
government's determination to conduct 'une politique de
relance', that is, a firmly expansionist national economic
policy. The justification was apparently sound: only a
growing economy could create the jobs and wealth necessary
to reduce social injustice. Economic growth was to be promoted, in line with both traditional socialist doctrine (and
Mitterrand's ideas, by increasing state involvement – and
expenditure (by more than 20 per cent in the 1982 budget).

The forecast improvement in the international economic
situation from 1981 (see *AM*, p. 169) failed to eventuate. By
the early part of 1982 it had become apparent that the
Mitterrand government's policies would not produce the
economic means indispensable to their social aspirations.
Greater state expenditure had necessitated tax increases,
worsened France's trade deficit (as imports had risen in
response to increased consumer demand) and deepened the
external debt. Unemployment reached two millions in October 1981 and stayed at that figure. Inflation remained high.
In June 1982, the franc had to be devalued for a second time.
By the end of the year the French economy was floundering
in a record balance of payments deficit.

The responsibility of the socialist government for this
situation was obvious, if not total. Mitterrand's political
responsibility could not have been more direct. Throughout
his 1981 election campaign he had repeatedly affirmed the
compatibility of his social and economic policies:

> Je serai [. . .] dans l'action, et le gouvernement avec moi,
> afin [. . .] de marquer le cours nouveau des choses, de
> démontrer qu'il est possible de marier le progrès social et
> une saine relance de l'économie, l'un épaulant l'autre, et
> inversement.[50]

Now, as President, Mitterrand appeared incompetent, or – for political reasons – unwilling to marry the social with the economic. For example, his intervention (in February 1982) which ensured that the 39-hour week was introduced without a corresponding drop in wages for workers, dealt a blow to French industry's competitivity (by increasing labour costs without any compensating rise in productivity). Mitterrand might have pleased his supporters in the unions, but he had undermined any chances that a shorter working week would lead employers to create more jobs by the progressive introduction of 'une nouvelle répartition du travail' (see *AM*, p. 129). The contradiction between promise and performance, and the incoherence of policy implementation were glaring.

Cantonal Elections in March 1982 followed by national Municipal Elections a year later both showed an alarming drop in electoral support for the Left. Political if not economic survival dictated an extensive revision of government policy. The essential elements for this revision were installed in two economic austerity packages ('plans de rigueur') introduced in June 1982 and March 1983. The revision's underlying principles still dominated the Mitterrand government's thinking in 1986.

After salvation by expansion, restoration by constraint and consolidation: deficits were to be absorbed, budgets balanced, spending curtailed, domestic demand and above all inflation reduced. A prices and wages freeze (July–November 1982) managed to discontent both employers and wage and salary earners. So did increased welfare contributions (paid by both employer and employee in France) which were imposed to restore the deteriorating finances of the Sécurité Sociale. Direct and indirect taxation rose, as did public service charges. Severe restrictions imposed (March 1983) on the amount of foreign currency available to French tourists wanting to travel abroad excited hysterical, but politically damaging, complaints that in restricting free movement the government was attacking the human rights its President had previously claimed to champion.

What in June 1982 Mitterrand smoothly termed 'la deuxième phase du changement' was perceived as an about-turn indefensible on several grounds. After 'le socle du changement' (see above, p. 32), 'le changement du socle'. The restoration of the French industrial and social economy was certainly a sound objective. But surely many if not most of its problems had been created in the first place by the disastrous government policies of 1981-2? 'La rigueur', moreover, had little about it that was identifiably social-ist – on the contrary, it was unashamedly orthodox in its adoption of those liberal capitalist priorities and methods regularly denounced by Mitterrand and the Left before they came to power.

At the end of 1982 Mitterrand outlined four priorities for his government's action (see *AM*, pp. 167-8). The first three were unexceptional socialist emphases: youth training and employment, family policy, and 'la solidarité' towards the poor and unemployed. The dominant position – 'qui commande tous les autres' (*AM*, p. 168) – occupied by 'l'entreprise', the fourth objective, was new. Business, the entrepreneurial dynamic, profit, industrial progress and commercial competitivity were to be cultivated as matters of national urgency.

But what had his liberal conservative predecessor Giscard d'Estaing said that was different? Surely it was absurdly contradictory for President Mitterrand in 1983 to advocate reducing fiscal, financial and welfare charges on French industry (*AM*, p. 168) which his government had been responsible for introducing or increasing in 1981? And where in all this was 'la rupture avec le capitalisme', the socialist spirit of Épinay (see above, pp. 24-5) – or for that matter of the '110 Propositions pour la France'?

Part of the answer to this last question had been supplied by Mitterrand himself three months earlier. 'Le socialisme à la française?' he asked rhetorically. 'Je n'en fais pas ma bible.'[51] It was a breathtakingly blithe dismissal of the ideals he had been seen to embody for more than a decade. From 'changer la vie' to 'la gestion de la crise'. Doctrinal ideals had given way to resolute realism. Yet it was truer to say that it was the character of French socialism that was changing (or being betrayed . . .), rather than Mitterrand's own ideas and cast of mind. The sober management of a capitalist economy was certainly difficult to reconcile with the hopes roused by 10 May 1981. It was however the only way to go (see *AM*, p. 171), and this dogged determination to win through according to the terms laid down by perceived necessity was totally of a piece with Mitterrand's political career and strategy through the years to 1981.

Moreover, 'la politique de la rigueur' has had its positive, creative aspects. Industrial and in particular technological modernization became and remains an obsession. For the French economy to survive in international competition, established forms of social protection and public financial support for outdated production methods would have to go (see, for the iron and steel industry, *AM*, pp. 173–81). There was no financial alternative: industrial restructuring and technological modernization were imperative.

Restructuring of traditional industries (among others: coal mining, textiles, shipbuilding, automobiles, iron and steel) was unavoidable, in spite of the high social cost. Socialist modernization has meant redundancies and social disruption. It also offered the promise, backed (in the case of Lorraine in 1984) by Mitterrand's personal political commitment, of building 'un instrument industriel moderne', of opening 'la nouvelle ère industrielle' by means of sophisticated, regionalized 'plans de restructuration'. These were to combine extensive retraining programmes ('les congés-conversion': *AM*, p. 176), fiscal incentives to encourage new industries to develop and invest, improved communications, and greater integration of university research with the requirements of industry.

By such industrial restructuring projects Mitterrand was, from late 1983 onwards, attempting to combine the economically necessary (modernization towards 'les technologies d'avenir', such as 'la productique', 'le logiciel', 'le génie thermique') with the socially just (classic socialist concern for 'cette classe ouvrière meurtrie à chaque tournant de [. . .l']histoire' (*AM*, p. 181). These two poles – 'le redressement économique' and 'la solidarité' – have underpinned his policy thrust ever since; they figured centrally, from late 1985, in his campaign on behalf of the PS for the 1986 Legislative Elections.

The shift from principles to pragmatism did not produce anything resembling a total reversal of policy direction in many other, less economically constrained areas of action. The central Mitterrandist ideal of democratization[52] has been effectively pursued in areas as diverse as workers' rights ('les lois Auroux': see *AM*, pp. 183–4), the administrative structures of the Sécurité Sociale, the provision of cultural facilities and activities, the progressive installation of optic fibre cable communication networks, legislation governing relations between landlord and tenant ('la loi Quilliot'), and expanded entry to the élitist École nationale d'administration.

Nor did the reformist push to extend human and civil rights – 'les libertés', in PS jargon – grind to a halt. The symbol-decisions of 1981–2 still stood: abolition of the death penalty and of political courts such as the Cour de Sûreté de l'État (set up by De Gaulle in 1962); abandonment of the Plogoff nuclear power station; the reimbursement by the Sécurité Sociale of abortion expenses. Solid if less spectacular work has gone on since: measures to promote the professional equality of women, and to improve the conditions and legal rights of prisoners and immigrants; a five-year modernization plan (1986–90) for the police. The establishment of an Haute Autorité de la communication audiovisuelle has increased the effective independence of state radio and television from political interference. An historically extensive review of the Code pénal was presented late in 1985.

Such socialist enlightenment was not everywhere evident, however, nor invariably successful when it was present. The development of private radio stations ('les radios libres') and, in November 1985, Mitterrand's authorization for a commercial television channel favoured private business interests to the apparent neglect of cultural standards and the interests of the French film and television programme production industry.

'Un grand service public, unifié et laïque de l'Éducation nationale sera constitué,' Mitterrand the traditional socialist had promised in article 90 of his '110 Propositions pour la France'. Yet in July 1984 he abandoned the proposed integration of private (usually Catholic) schools into a single non-confessional public education system in the face of massive public hostility (from the Church, parents' associations and the Opposition parties) to this assault on 'l'école libre'. The political fiasco was compounded by the introduction (in October 1984) for partisan reasons of legislation intended to curtail monopolies in newspaper ownership: in the event the law's scope was considerably restricted, and its application postponed.

The Mitterrand government's inability to settle social unrest and resolve independence struggles in French overseas territories such as Guadeloupe and New Caledonia was associated, justifiably or not, with a diminished commitment to reform. Finally, if the bombing by French agents in Auckland (July 1985) of the *Rainbow Warrior* was merely, as Mitterrand noted, 'criminel et absurde',[53] and while its domestic political consequences were limited, it cast international doubt on his government's attachment to human rights and democratic procedures.

MITTERRAND AS WRITER; STYLE

Estimates of Mitterrand's achievement – of his career and ideas, of his leadership of the Left and performance as President of the Republic – vary greatly, even among his political supporters. In contrast few of his direst opponents seriously contest his talent and interest as a writer. From the French classics of his upbringing (Lamartine, Stendhal, Balzac, Barrès) and inter-war youth (Gide, Mauriac – a family friend – Bernanos, Julien Benda) to an avid, eclectic consumption of contemporary writing, foreign as well as French, Mitterrand's extensive love and active appreciation of literature are well known. Literary and historical references and allusions stud his writing, particularly the *Chroniques*.

This fascination with the written word also forms a significant dimension of his political persona. Few modern heads of state (and certainly not his technocratic predecessor, Giscard d'Estaing) give rise to assessments of their literary and intellectual characteristics, as did Mitterrand on his election in 1981.[54] Fewer still actively invite such assessment. So firm, however, has been his commitment over more than thirty years to *l'écrit*, to the value of writing, that Mitterrand does so: 'Puisque je suis depuis longtemps dans la vie politique,' he argued in 1980, 'j'ai l'avantage au moins de porter mes papiers sur moi. J'écris, je publie. Le livre est un témoin fidèle.'[55]

A 'faithful witness' of what, in his case? On the primary, overt level, of the evolution of his political ideas, essentially his socialism and the strategy required to implement it within the evolving historical context faced by the French Left since the 1950s. But his books bear witness also to the taut relations existing between the private and the public Mitterrand, between Latche and the Elysée, between individual experience and reflection and party or national policy. A frequently voiced view – one encouraged by Mitterrand himself (see *AM*, pp. 140–2) – is to see him torn between the two extremes, a romantic provincial caught in the trap of his Parisian political ambition, 'tiraillé en permanence entre l'engagement et la méditation, entre les mots et les choses, entre la rose et le poing'.[56]

It could equally be argued that Mitterrand's self-presentation – to be found from *Ma Part de vérité* (1969) to *Ici et maintenant* (1980) – as a traditionally cultivated liberal with a deep love of the French countryside has over the years succeeded in establishing profitable political credentials with the French middle-class urban electorate. A man who enjoys walking the hill-country of the Morvan, who is happier in small-town Nièvre than in the mediatized rat-race that is Paris, and who reads Chateaubriand – or García Marquez, or Michel Tournier – more willingly than Marx or the jargon of the technocrats, offers his readers the reassurance of intelligent, moderate reformism, not the threat of sectarian radicalism. The ambiguity prominent in his political career and ideas, not surprisingly, colours Mitterrand's writing.

His fascination with words is not in doubt: 'rien sans doute ne le touche autant que la magie des mots'.[57] Whether it be the names of plants or of wild life, forests or villages (see *AM*, pp. 59, 157) his love of names for their own poetic sake – 'ce pouvoir des syllabes', he calls it (*AM*, p. 134) – is rarely far from the surface of his writing. Mitterrand's vocabulary and range of reference (juridical terminology, political or historical allusion, the natural and rural worlds) are in consequence particularly rich, and at times abstruse. Precision and concision are for him prime virtues of written expression.[58] In his earlier books neither is invariably practised: the polemic flood of *Le Coup d'état permanent* at times overwhelms the reader with interminable, accumulatory sentences (see *AM*, pp. 73–4). The desire for precise, concentrated expression occasionally produces rich but indigestible syntheses of ideas and information (see *AM*, pp. 93–5), more often the sharp, telling formula intended to drive home a political point (see *AM*, p. 96).

'L'écriture est pour lui un acte grave, angoissant.'[59] He is a perfectionist in matters of style, finding it difficult to begin composition, correcting and re-correcting successive drafts, rarely taking satisfaction in the definitive version. To these personal constraints have been added the many pressures of Mitterrand's hectic political life. Since 1969 at the latest these pressures have dispersed his writing efforts, obliging him to make brief notes here and there between meetings and appointments (see *AM*, p. 154), in the hope of snatching time later in which to impose some acceptable form on them. The hybrid character of Mitterrand's *Chroniques* – 'ce genre qui n'en est pas un, à mi-chemin du journalisme et de la littérature'[60] – was the child born of this turbulent but fertile marriage between the private stylist and the public politician. But so too were other works. Only *Le Coup d'état permanent* may stand as a conventional essay of ideas and, for all its power, it is too rhetorically heavy to be considered a stylistic success. In more recent years Mitterrand has instead practised an elaborate version of 'le livre-entretien' popular in France: *Ma Part de vérité* and *Ici et maintenant* both sprang from extended discussions with political journalists, the transcripts of which were thoroughly edited – elaborated, polished – by Mitterrand before publication.

In a political and cultural context dominated by the spoken word and the televisual image such hybrids represented an attempt to maintain by means of imaginative compromise a place for more traditionalist, individualistic forms of expression. In political terms at least, as 10 May 1981 showed, the attempt met with some success.

POSTSCRIPT, JULY 1986

As on all sides it had been expected to do, the Left lost the Legislative Elections held on 16 March 1986. From the socialists' point of view the outcome could have been worse. The PS managed both to retain its position as the largest single parliamentary party, and to reinforce its superiority over a PC in apparently accelerating decline. The alliance formed by the RPR and UDF moreover held only the slenderest of majorities – just two seats – in the new National Assembly.[61]

Nevertheless, as leader of the largest party – the RPR – of the new majority, Jacques Chirac was appointed Prime Minister by President Mitterrand, on 20 March, to head the new liberal-conservative government. For the first time since the founding of the Fifth Republic in 1958 President of the Republic on the one hand and Prime Minister and Government on the other held politically opposing views. Cohabitation had become a reality.

The prospect of what was variously referred to as a *duopole* or a *dyarchie* in control of French national affairs had for months excited fearful speculation.[62] Ever since 1958 Presidents of the Republic had enjoyed the support of both Governments and parliamentary majorities broadly sympathetic to their political objectives. Now President Mitterrand had neither. How would a President of the Left and a Prime Minister of the liberal Right manage together? *Could* they 'cohabit'? Wasn't the paralysis of effective government a distinct possibility? Or, worse, a conflict of authority between President and Government which would result in a threat to institutions and the régime itself? The situation of Mitterrand functioning as at once Head of State *and*, within Cabinet, Leader of the Opposition had its absurd aspects: wouldn't it erode presidential authority? or even provoke an early end to Mitterrand's term of office?

None of these fears has to date (July 1986) been realized: cohabitation – or, as Mitterrand prefers, coexistence – has functioned well. Much of the reason for this lies in the notably firm line adopted by the President. In a typical blend of consistent ambivalence Mitterrand combined, both before and after the Legislative Elections, a rigorous constitutionalist neutrality with an unabashed commitment to socialist priorities.

From late 1985 Mitterrand mounted a concerted media offensive: press-conferences, interviews, mass electoral rallies. He repeatedly called on the electorate to unite in defence of what he termed *les acquis*, the economic progress and social reforms achieved by his socialist government since 1981 (see *AM*, pp. 181–2). These reforms were threatened by the electoral platform of the RPR-UDF which Mitterrand referred to, in terms of traditional socialist rhetoric, as 'le programme des riches contre les pauvres'.[63] Yet, if the worst came to the worst and the Left was to lose the Legislative Elections, Mitterrand would stay on as President, in order to ensure institutional continuity but also to act as a comforting focus of stability in what would then be a politically uncertain situation. 'La seule chose certaine dans les deux ans à venir', he claimed, 'c'est que je serai président de la République. Ce qui est incertain, ce sont les autres. Moi, je serai là.'[64] The publication, at the end of January 1986, of his *Réflexions sur la politique extérieure de la France* functioned in part to reinforce this suggestion: whatever else might go wrong Mitterrand, like De Gaulle before him, would remain at the helm of the nation's defence and foreign policies.

In the four months following the Legislative Elections Mitterrand was true to his foreshadowed line, his relations with the RPR-UDF majority being characterized by the sure-footed exercise of a constitutionally impeccable critical permissiveness. While fully respecting the Chirac government's constitutional right to govern[65] Mitterrand has regularly delineated the limits of his identification with that government's policies. He has done so by using several means: formal communication to Parliament, the overt – and publicized – expression to Cabinet of his reservations concerning certain proposed legislation (relating for example to redundancy regulations, immigrants' rights, denationalizations, and a new statute for New Caledonia), or by his pre-announced refusal to sign future legislative decrees proposed by the government unless these constituted 'un progrès par rapport aux acquis'.

Cohabitation obliged Mitterrand to refashion the functions of his office. While his executive authority has been greatly reduced, renewed emphasis has been placed on the role of institutional arbiter which had been the original intention of the 1958 Constitution.[66] In the latest of his many roles Mitterrand has become a kind of radical constitutional Gaullist, albeit one with a discernible socialist colouration.

So far the role suits him. In mid-1986 French public opinion strongly approved of cohabitation and particularly of Mitterrand's contribution to it. His popularity in early June 1986 stood higher than at any time since 1981, and certainly higher than Chirac's. Perhaps more surprising still, Mitterrand was the clearly preferred socialist candidate for the 1988 Presidential Election of both the PS leadership (except Rocard) and left-wing voters.

Clearly much would depend on the perceived success of the Chirac government's policy – especially economic policy – in the bare two years to 1988. It would be remarkable were no major conflict over policy to erupt between President and the RPR-UDF majority before that time. 'Tiens bon, Tonton, ils repartiront!' the banners read.[67] In mid-1986, at least, Mitterrand had the edge.

NOTES TO THE INTRODUCTION

1 *L'Expansion*, juillet-août 1972, pp. 117–9.
2 ibid., p. 119. Mitterrand adds: 'Dans notre ville de Jarnac, nous étions des notables. Les Lorrain [Mitterrand's maternal family], c'était une famille unie et respectée, mais qui s'occupait très peu de la politique.'
3 Quoted in Nay (1984), p. 51.
4 In a letter dated March 1935 Mitterrand writes to his former clerical schoolmasters at Angoulême: 'Par une action sociale, que rejoint l'action politique, et qui s'y relie de plus en plus étroitement, il faut apprendre à ceux qui nous entourent que seul le christianisme est capable d'entreprendre une rénovation totale.' Quoted in Nay (1984), p. 61.
5 Evoking his university years, Mitterrand told his old friend Charles Moulin: 'Au fond [. . .] je n'étais pas encore éveillé à la politique. J'ai fait lentement mon apprentissage, mais cela restait un peu théorique. Je ne me sentais pas vraiment engagé. J'avais plutôt des réactions d'instinct que des idées bien arrêtées. [. . .] au fond trop longtemps tenu à l'écart, je n'avais pas senti s'éveiller en moi la véritable conscience politique. [. . .] j'étais un néophyte qui cherchait sa voie et qui, avec bonne volonté et beaucoup d'intérêt, s'informait en participant à des meetings, à des réunions politiques de tous bords.' Quoted in Moulin (1982), pp. 30–1.
6 As recently as February 1984 Opposition deputies referred insultingly, in parliamentary debate, to Mitterrand's record in the Second World War and the Resistance. That their remarks had been preceded by attacks evoking the same period in the

press of the conservative and extreme Right (*Le Figaro, Minute*)
suggested the existence of a concerted offensive. See *Le Monde*,
4 and 5–6 February 1984.

7 Even today his Resistance activities remain a lively part of
Mitterrand's presidential image. After the Algiers meeting with
De Gaulle, Mitterrand/Morland returned to France by way of
London, eventually crossing the Channel from Cornwall to
Brittany (26 February 1944). On an official presidential visit to
Brittany in late 1985 he thought it still appropriate to recall the
event of 41 years earlier, underlining the memory with the
politically pointed remark that 'Tous les présidents de la
République ne sont pas passés par là'. See *Le Monde*, 10 Octo-
ber 1985. In fact, of the four Presidents to date, including De
Gaulle, only Mitterrand worked actively for the Resistance in
occupied France itself.

8 Giesbert (1977), pp. 62, 70.

9 Between January 1947 and May 1957 Mitterrand held in order
the following ministerial positions: Ministre des Anciens Combattants (twice); Secretary of State for Information (three
times); Ministre de la France d'Outre-Mer (twice); Ministre
d'État; Minister to the Council of Europe; Ministre de
l'Intérieur; Minister of State for Justice.

10 Cf. Jean Daniel (later the editor of *Le Nouvel Observateur*) on
Mitterrand in the Fourth Republic: 'Il sera celui qui réussit sans
plaire, progresse sans séduire, se fraie une place sans jamais
être accepté tout à fait. On lui trouve plus de précocité que de
grâce, on admire davantage son impatience que son autorité.'
Quoted by Nay (1984), p. 142.

11 Even in the 1970s Mitterrand remained concerned to stress this
point: 'Pendant toute la IVe République [. . .] j'ai toujours
participé à des ministères où les socialistes étaient présents'; in
L'Expansion, juillet–août 1972, p. 125.

12 In the Morvan region. Nevers, its main centre, lies some 250km
south-south-east of Paris.

13 'Union démocratique et socialiste de la Résistance.' A very
mixed political bag, containing Gaullists, liberal Catholics,
socialists, and various moderates: 'un parti saugrenu comme on
put seulement en improviser dans ce charivari que fut l'après-
Libération (Giesbert (1977), p. 91).

14 In *Le Courrier de la Nièvre*; quoted by Nay (1984), p. 158.

15 Mitterrand to Georgette Elgey, in 1957; ibid.

16 René Pleven was the president of the UDSR deposed by

Mitterrand in 1953. In 1976, more than twenty years later, Pleven's bitterness and disdain for Mitterrand's scheming remained: 'François Mitterrand avait un art consommé et un goût prononcé pour la manoeuvre de l'appareil. Il aimait ça et il y consacrait le temps qu'il fallait.' Quoted by Giesbert (1977), p. 114.

17 Before the Interior Commission of the National Assembly, 5 November 1954; quoted by Giesbert (1977), p. 131.

18 In *Le Courrier de la Nièvre*; quoted by Nay (1984). p. 222.

19 In this second round the UNR candidate received 15,318 votes, Mitterrand 12,219 votes, with 10,489 votes going to the SFIO candidate. Thus while attracting 22,708 votes in total, a divided Left failed to prevent the election of the 'minority' Gaullist candidate.

20 Mitterrand (1977), p. 384.

21 Quoted in Nay (1984), p. 269.

22 'L'affaire de l'Observatoire' centred on an assassination attempt (15 October 1959) in which Mitterrand, after a nocturnal car chase through the streets of the Left bank, avoided a burst of machine-gun fire by hurdling the railings surrounding the Jardin de l'Observatoire (off the southern end of the boulevard Saint-Michel). A week later a right-wing deputy of doubtful reputation, Robert Pesquet, claimed that he had simulated the attack at the instigation of Mitterrand, who had allegedly intended to discredit the recently installed Gaullist régime. The Gaullist Prime Minister Michel Debré led a fierce government offensive which culminated in the removal of Mitterrand's parliamentary immunity. Since, oddly, no further court action was taken against Mitterrand the affair remains formally unresolved.

23 In November 1962, the UNR took 233 seats in the National Assembly with almost 32 per cent of the votes. This gives a useful point of comparison with the outcome of Legislative Elections held in June 1981, when, in the wake of Mitterrand's election as President, the PS (and the MRG) won 285 seats from 37.7 per cent of the votes.

24 'Convention des Institutions républicaines' – 'en fait le parti des amis de François Mitterrand' (Nay (1984), p. 272).

25 December 1963; in Mitterrand (1977), p. 411.

26 Nay (1984), p. 288 and Giesbert (1977), p. 225.

27 The PSU joined the FGDS a year later, in January 1967.

28 Of which Mitterrand became aware only later: 'Je me suis [. . .]

inquiété des réactions populaires provoquées par la retrans-
mission télévisée de ma conférence de presse. J'ai compris ce
qui arrivait en vérifiant que le son, l'image, le texte avaient été
forcés, déformés, tronqués. [. . .] J'apparus sous les traits
d'un apprenti-dictateur, mal-rasé, fanatique, menton levé et
bras tendu à la manière de. . . . La photographie avait
accusé les contrastes déplaisants, choisi les angles carica-
turaux. Du beau travail.' Mitterrand (1969), p. 110.

29 Eight years later Giscard d'Estaing still thought it useful to
include a slighting reference to Mitterrand's 1968 press conference – 'la singulière tentative d'appropriation du pouvoir', he
called it – in his 1976 essay *Démocratie française* (Methuen,
1983, p. 62).

30 Quoted in Giesbert (1977), p. 250.

31 Following rejection by referendum (27 April 1969) of his proposals for the reform of the Senate and regional government,
De Gaulle had resigned as President of the Republic.

32 Quoted in Nay (1984), p. 314. Mollet was not a disinterested
observer: Mitterrand posed a direct political threat to a control
of the SFIO which had been in Mollet's hands since 1946.
Moreover after his disastrous spell as Prime Minister in the later
Fourth Republic (see *AM*, p. 13) many doubted the authenticity
of Mollet's own commitment to socialist ideas.

33 As Charles Moulin calls it: Moulin (1982), p. 207.

34 By Alain Duhamel, Mitterrand's interviewer in 1969 for *PV*:
Alain Duhamel, *Les Prétendants*, Paris: Gallimard, 1983,
p. 260.

35 See for example Albert du Roy/Robert Schneider, *Le Roman
de la rose*, Paris: Seuil, 1982. Chapter II, pp. 52–83,
'L'extravagante alliance d'Épinay' provides a detailed account
of the Épinay congress.

36 43,926 votes in favour of Mitterrand's motion, 41,750 against,
with 3,925 abstentions.

37 The speech is reproduced in Mitterrand (1977), pp. 531–42.

38 In parallel fashion the socialist party's vote rose remarkably
from 16.5 per cent (for the FGDS in the 1968 Legislative
Elections) to 37.8 per cent (for the PS and the MRG in the 1981
Legislative Elections).

39 Jacques Kergoat, *Le Parti socialiste*, Paris: Le Sycomore, 1983,
p. 367. Impressive as it was PS membership in 1981 fell far
short of the SFIO's largest ever total membership: 354,000, in
1946.

40 Kergoat, op.cit., p. 228.
41 Certainly Mitterrand thought so, in May 1974: 'Disons que [1974] c'était trop tôt [. . .] Il aurait fallu que les choses mûrissent encore, et que les nouvelles générations aient le temps d'arriver. Si l'élection présidentielle avait eu lieu normalement, en 1976, je crois que j'aurais été élu sans trop me casser la tête.' Quoted in Giesbert (1977), pp. 294–5.
42 Quoted by Giesbert (1977), p. 267.
43 Colombani (1985), p. 54.
44 Although even then, in mid-November 1980, 53 per cent of PS supporters thought that Rocard would be a better candidate for the 1981 Presidential Election; 35 per cent preferred Mitterrand. SOFRES poll, in *Pouvoirs*, vol. 20, 1982, p. 6.
45 Cf. Colombani (1985), p. 46: 'Mitterrand ne cherche pas à dépasser ses contradictions: il les assume, il vit avec.'
46 *Le Monde*, 2 July and 26 September 1981.
47 Philippe Boucher, in *Le Monde*, 10 June 1983.
48 Cf. Jacques Julliard, *La Faute à Rousseau*, Paris: Seuil, 1985, p. 194: '[L]a tradition socialiste française [. . .] a essentiellement conçu le socialisme comme la gestion par l'État de la production et de la prévoyance sociale.'
49 Essentially the 1981–2 nationalization programme covered: five industrial groups (CGE (Compagnie générale d'Électricité), PUK (Péchiney–Ugine–Kuhlmann), Rhône–Poulenc, Saint-Gobain-Pont-à-Mousson, Thomson-Brandt); two finance companies (Suez and Paribas); and thirty-six of the largest banks still held in private French hands.
50 Interview in *Le Monde*, 25 April 1981. See also *AM*, p. 163.
51 Speech at Figeac (Midi-Pyrénées), 27 September 1982; see *Le Monde*, 29 September 1982.
52 '[Le socialisme] c'est le combat pour la démocratie sous tous ses aspects': Mitterrand in an interview published in *Le Matin*, 3 December 1985.
53 *Le Monde*, 28 September 1985. In January 1986, Mitterrand referred to the attack on the *Rainbow Warrior* as 'un acte qui n'engage pas moralement notre pays': Mitterrand (1986), p. 29.
54 See for example Bertrand Poirot-Delpech, 'Un Écrivain-né' and André Fontaine, 'Les Mots, la conviction, l'instinct', in *Le Monde*, 12 May 1981.
55 Mitterrand (1980), p. 11.
56 André Fontaine, op.cit. Franz-Olivier Giesbert goes far further, finding in Mitterrand 'une totale dichotomie intérieure

entre la personnalité politique en représentation [. . .] et son "moi", artiste imprégné de foi religieuse'; Giesbert (1977), p. 318.

57 André Fontaine, op. cit. Cf. Mitterrand (1978), p. 376: 'Tout livre en vitrine excite mon appétit, un formidable appétit de lettres, de signes, de titres.' Mitterrand admires an adage he attributes to the novelist Jacques Chardonne: 'Il est permis de tout dire en peu de mots': Mitterrand (1975), p. 94.

58 'Je suis de ceux qui croient qu'il n'est de bonne écriture qu'exacte': Mitterrand (1978), p. 315.

59 Giesbert (1977), p. 319.

60 Mitterrand (1978), p. 238.

61 In the 1986 Legislative Elections the PS gained more than 31 per cent of the vote and some 206 seats in the National Assembly; with 9.8 per cent of the vote the PC was reduced to 35 seats. The National Assembly elected in March 1986 has a total membership of 577 députés. Even including in their ranks the formally non-aligned 'Divers Droite' members, the RPR-UDF alliance could count on 291 votes, two more than the absolute majority in the Assembly.

62 Some of it fuelled by Mitterrand himself. In his final public statement before the March 1986 elections he asserted, in an interview broadcast on TF1, that cohabitation would produce 'une sorte de désordre, une très grande difficulté'.

63 In his address to the PS electoral rally held at Grand-Quevilly, near Rouen, on 17 January 1986.

64 In an impromptu press-conference at Arles, on 1 February 1986.

65 In conformity with Article 20 of the Constitution which begins: 'Le Gouvernement détermine et conduit la politique de la Nation'.

66 Article 5 of the Constitution begins: 'Le Président de la République veille au respect de la Constitution. Il assure, par son arbitrage, le fonctionnement régulier des pouvoirs publics ainsi que la continuité de l'État'.

67 At Chartres where, on 17 June 1986, Mitterrand inaugurated a monument to the Resistance hero Jean Moulin.

SELECT BIBLIOGRAPHY

WORKS BY FRANÇOIS MITTERRAND

Aux Frontières de l'Union française, Paris: Julliard, 1953.
Présence française et abandon, Paris: Plon, 1957.
La Chine au défi, Paris: Julliard, 1961.
Le Coup d'état permanent, Paris: Plon, 1964.
Ma Part de vérité, Paris: Fayard, 1969.
Un Socialisme du possible, Paris: Seuil, 1970.
La Rose au poing, Paris: Flammarion, 1973.
La Paille et le grain. Chronique, Paris: Flammarion, 1975.
Politique, Paris: Fayard, 1977.
L'Abeille et l'architecte. Chronique, Paris: Flammarion, 1978.
Ici et maintenant, Paris: Fayard, 1980.
Politique 2, Paris: Fayard, 1981.
Réflexions sur la politique extérieure de la France, Paris: Fayard, 1986.

ON MITTERRAND

Jean-Marie Borzeix, *Mitterrand lui-même*, Paris: Stock, 1973.
Jean-Marie Colombani, *Portrait du Président. Le Monarque imaginaire*, Paris: Gallimard, 1985.
Franz-Olivier Giesbert, *François Mitterrand, ou la tentation de l'histoire*, Paris: Seuil, 1977.
Denis MacShane, *François Mitterrand. A Political Odyssey*, London: Quartet Books, 1982.
Charles Moulin, *Mitterrand intime*, Paris: Albin Michel, 1982.
Catherine Nay, *Le Noir et le rouge, ou l'histoire d'une ambition*, Paris: Grasset, 1984.

ON THE PS AND THE FRENCH LEFT

D.S. Bell and Byron Criddle, *The French Socialist Party. Resurgence and Victory*, Oxford: Clarendon Press, 1984.

Jacques Chapsal, *La Vie politique sous la Ve République*, Paris: PUF, (2nd edition) 1984.

Alain Duhamel, *La République de Monsieur Mitterrand*, Paris: Grasset, 1982.

R.W. Johnson, *The Long March of the French Left*, London: Macmillan, 1981.

Jacques Julliard, *La Faute à Rousseau*, Paris: Seuil, 1985.

Jacques Kergoat, *Le Parti socialiste*, Paris: Le Sycomore, 1983.

Neill Nugent and David Lowe, *The Left in France*, London: Macmillan, 1982.

Programme commun de gouvernement, Paris: Flammarion, 1973.

ANTHOLOGIE
MITTERRAND

After each text are indicated (e.g. 1969, *PV*) its approximate date of writing and its source.

ABREVIATIONS

CEP *Le Coup d'état permanent*, Paris: Plon, 1964
PV *Ma Part de vérité*, Paris: Fayard, 1969
RP *La Rose au poing*, Paris: Flammarion, 1973
PG *La Paille et le grain*, Paris: Flammarion, 1975
AA *L'Abeille et l'architecte*, Paris: Flammarion, 1978
IM *Ici et maintenant*, Paris: Fayard, 1980
P2 *Politique 2*, Paris: Fayard, 1981

M *Le Monde*

An asterisk (*) in the text refers to the Notes to the Text, pp. 186ff.

BACKGROUND AND EXPERIENCE

1 FAMILY AND CHILDHOOD MEMORIES;
STUDENT DAYS IN PARIS

[. . .] mon pays à moi est celui de ma mère, celui de mon enfance. J'ai grandi sous le ciel mouillé d'Aquitaine. Notre maison était posée au bord de la Charente, sur la rive du droit coutumier. Ceux qui aiment lire dans les intersignes jugeront le manque d'à-propos d'un homme politique qui ayant la chance de naître au sud de la Loire rate de peu la langue d'oc. Je vous épargnerai le lot classique des souvenirs. Les miens s'appellent tilleuls, ormeaux, noyers, maïs, abeilles, sarcelles, anguilles, un mur sous le soleil, la liberté à portée des jambes et de l'imagination, l'absence de frontières dans le ciel et sur la terre. Des vanités aussi: je mis beaucoup d'obstination à m'assurer que la Charente était bien un fleuve et non une rivière. Une carte de géographie aurait suffi à le prouver. J'eus besoin de le vérifier par cent témoignages. Le fait établi, je fus content pour elle.

Un homme qui a atteint, dépassé cinquante ans, est celui que ses expériences ont fait. En voici quelques-unes qui m'expliqueront, peut-être. La première d'entre elles remonte aux années que je viens d'évoquer. J'ai été élevé dans un milieu catholique, très croyant et très ouvert. La tradition dont on s'y réclamait le plus couramment était celle d'un frère de ma mère, mort à vingt ans, qui avait appartenu aux premières équipes du «Sillon».* Il n'y avait pas d'engagement politique particulier chez mon père ni chez mon grand-père. L'un était de tendance radicale que l'autre dédaignait par goût du tranchant, impropre aux contingences électorales. A l'époque, quand on était catholique dans une petite ville de province, on se classait automatiquement à droite. La messe séparait le bon grain de l'ivraie. Mais lorsqu'on allait à la messe et qu'on refusait de s'associer aux arrogances, aux injustices de la droite, on n'était de nulle part. Tel était le cas de mon père. Du coup, non par indifférence mais par nécessité, il s'était réfugié dans la réflexion loin de l'action qui le tentait et le repoussait à la fois. L'un des esprits les plus libres que j'eusse connus, il ne pouvait user de cette liberté qu'en tête-à-tête avec lui-même, ou avec nous, ses huit enfants, pendant les vacances à la maison. Il aurait aimé le mouvement des villes, le mouvement des idées. La solitude et le silence furent ses compagnons. Il considérait avec un détachement ironique le code proprement brahmanique qui régissait les relations humaines dans ce coin de Saintonge* où ma famille maternelle habitait depuis des temps immémoriaux. Le feu des guerres de Religion couvait encore sous la cendre. Tout catholique se sentait soupçonné d'avoir révoqué l'édit de Nantes.* Par mesure de rétorsion, la haute société protes-tante très assise dans le négoce des eaux-de-vie, penchait à gauche et fournissait d'excellents maires aux majorités radi-cales-socialistes. Le dimanche matin, l'église et le temple séparaient en deux assemblées possessives du même Dieu une bourgeoisie vêtue des mêmes habits de fête.

L'échelle sociale avait trois barreaux. Sur le premier perchaient les négociants, sur le deuxième les commerçants, sur le troisième les salariés. De haut en bas, évidemment. Mon père avait été pendant trente ans le salarié de la Compagnie des chemins de fer P.O.-Midi. Par droit de suc-cession il était devenu négociant, mais dans un art mineur,* le cognac, art majeur, occupant et de loin le sommet de l'échelle. Bref, il était, et nous avec lui, inclassable.

Je ne veux pas peindre en noir ce qui fut douceur et clarté. Il y eut aussi les allégresses de l'amitié qui se moquait des rites et traversait en riant les frontières, les joutes sur la rivière, les soirées où la passion d'avoir raison qui nous habitait tous s'exerçait sur l'interprétation d'un verset de la Bible, les visites du Premier de l'An qu'on recevait le matin et qu'on rendait l'après-midi, les promenades en chantant sous le ciel des étoiles filantes quand l'été commence à fraîchir, les rencontres et les apaisements du cœur au rythme d'une province dont les quatre saisons allaient au pas de notre vieux cheval. Avec ou sans l'amitié, les relations person-nelles obéissaient à un code courtois et ne commettaient jamais ni impair ni écart. A table, pendant nos repas où nous étions rarement moins de douze, il était interdit «de dire du mal des autres» et de «parler d'argent». Je n'ai pas entendu mes parents porter de jugement sur les gens de notre connais-sance ou de notre voisinage, réputés bons tels qu'ils étaient. Cependant, mon père savait qu'il vivait à la fin d'une époque et s'irritait, en silence, des rites désuets, des qui-proquos compassés* qui accompagnaient cette agonie. Il attendait les temps futurs comme on regarde un enfant grandir. Frondant les hiérarchies, détestant les privilèges mais respectant l'ordre spirituel auquel il avait donné sa foi, il n'y avait pas de place pour lui dans la province de ce temps-là. Mais comme il possédait la paix par la beauté d'un ciel ou l'affection d'un chien, cela était sans conséquence. Si je cherche à me représenter ce que peut être un homme juste, c'est à lui que je pense. Je crois que j'en veux encore à cette société aux postulats glacés qui ne demandait pas d'amour et ne voulait pas de justice, je crois que j'ai attendu et espéré du fond de mon enfance le choc qui l'ébranlerait.*

Cette enfance, je l'ai surtout vécue en pleine campagne dans la propriété de mes grands-parents maternels, à la limite des départements de Charente et Dordogne. Comme on m'attribuait, à tort, une santé fragile, on m'y expédiait à la moindre alerte. Sans électricité, sans eau courante, les

commodités à cent mètres de la maison au demeurant fort
confortable, j'ai appris là ce que sont les heures, la courbe
des jours, les saisons. Le temps et les choses parlaient de Dieu
comme d'une évidence. Les voyages se faisaient en voiture
à cheval. On se rendait à Ribérac pour le marché
hebdomadaire et cela prenait la journée, à Aubeterre pour
les courses ordinaires et la matinée suffisait à peine. Ribérac
en Dordogne, Aubeterre en Charente sont l'une et l'autre
riveraines d'une belle et souple rivière, la Dronne. Observa-
tions qui n'ont aucun intérêt pour mon récit. Je les note
simplement pour le plaisir d'écrire ces noms.

La bicyclette fut la fusée porteuse de mon entrée dans
l'espace. J'avais avant elle regardé l'horizon comme on a
regardé la lune depuis l'origine des temps. Les progrès de la
science et de la technique parvenus jusqu'à moi, je
m'empressais de visiter la face cachée de la terre. Sur cette
face, il y avait d'autres collines, d'autres prairies, d'autres
bois avec la même alternance de chêne rouvre et de pin
limousin. Il y avait aussi, don de Dieu, la truffe, et plus loin,
beaucoup plus loin, des fleuves, des océans, des montagnes
aussi vrais que sur un atlas. Je n'allai là qu'à l'âge
d'homme. Les soirées se passaient autour de la table de la
salle à manger, à lire, à écrire ou à jouer aux échecs, mon
grand-père en quête d'un partenaire m'en ayant enseigné
les règles. Les bruits de la politique mouraient à notre seuil,
assourdis par le moteur poussif de la batteuse au moment des
moissons, par les pluies de l'automne ou par l'épaisseur de
ce silence qui n'est jamais silence, occupé qu'il est par le
vent, les oiseaux, la basse-cour, les volets mal fermés, les
grillons, les crapauds et ces rumeurs qui viennent d'on ne sait
où. Ou bien ai-je oublié, car il me semble que dans les
années trente arrivaient, avec le facteur, sur le coup de midi,
les nouvelles de la crise agricole et des chutes de ministères;
que le soir on parlait d'Herriot avec une sympathie
méfiante, de Poincaré, sans chaleur mais avec révérence,
de Briand plaintivement, des communistes comme on
l'aurait fait de martiens plutôt que de loups-garous, des

Russes avec rancune (à cause de l'emprunt), des Anglais avec réserve (à cause de Fachoda).* On s'affirmait républicains et l'on évoquait l'arrière-grand-père, emprisonné sous le Second Empire. On était patriotes jusqu'aux saintes colères. [. . .] Concession faite à l'attendrissement dû à la France éternelle on gardait bon œil et bon goût. Je consigne ces choses pour montrer que j'ai vécu mon enfance dans un autre siècle et qu'il m'a fallu faire effort pour sauter dans le nôtre.

Étudiant, je montai à Paris. . . . Les amis que je m'y fis (nous nous réunissons toujours plusieurs soirées par an) étaient plus férus de musique et de littérature que de politique. Grâce à eux, j'approchai Erik Satie, Honegger et Stravinsky avant Doumergue et Daladier. La N.R.F.* et le surréalisme nous ouvrirent les portes d'un monde qui nous était inconnu plutôt qu'interdit. J'écrivis de petits articles dans des revues confidentielles. Tout de même, j'étais avide d'une époque qui m'avait accueilli au Quartier latin dans la bourrasque de 1934.* J'allais écouter Thorez et Doriot, Blum et La Rocque. Je passais des heures à l' «Union pour la vérité». D'instinct, j'éprouvais de l'horreur pour Franco, sa bande et sa bandera. Je dévorais *Les grands cimetières sous la lune.** Je suivais les meetings des intellectuels antifascistes où s'exprimaient Malraux, Chamson, Benda. Malraux, Chamson! Quand fallait-il les croire? A l'université, j'étais intimidé par mes camarades socialistes. Mon collège d'Angoulême ne m'avait pas formé aux disciplines marxistes. Marx et Engels étaient, je le suppose, tabous par 46° de latitude nord*: j'ai reçu mon diplôme de bachelier philosophe sans avoir entendu prononcer leur nom.

1969, *PV*

2 POPULAR FRONT; END OF THE THIRD REPUBLIC; THE SECOND WORLD WAR; STALAG IX A; THE RESISTANCE; DE GAULLE

(i)

Cependant, en 1936, avait soufflé le grand vent de la joie populaire.* Je me souviens de la nuit des élections dans les rues de Paris, de l'allégresse des «Ça ira». Je retrouvais dans cette liesse les élans des courses à perdre haleine d'autrefois, je découvrais qu'il y avait encore des causes à vivre et à mourir. J'aimais que mes vingt ans fussent au commencement d'un monde dont la délivrance m'exaltait sans que j'eusse approché ses douleurs. Ce n'était pas un choix politique. Je ne distinguais pas les forces en présence. Je ne possédais pas de clef. Mais sans en comprendre les raisons, je croyais distinguer de quel côté étaient le droit et la justice. Cela suffit à me mettre en retrait du conformisme ambiant où l'Église, dont j'avais continué d'observer les préceptes, avait enfermé les siens. Puisqu'elle n'était pas dans le camp de la souffrance et de l'espoir, il fallait, me disais-je, le rejoindre sans elle. Ainsi ai-je quitté le chemin de mon père afin de mieux le retrouver.

Ma première rencontre véritable avec d'autres hommes eut lieu au Stalag IX A* où, prisonnier de guerre, la défaite de juin 40 m'avait déposé sous le numéro 21 716. J'avais la chance, pour ma nouvelle éducation, de ne pas être officier, ayant négligé, étudiant, de me rendre au Polygone de Vincennes pour y acquérir la préparation militaire adéquate. Appelé au service je m'étais incrusté dans une garnison du boulevard Port-Royal où mes nuits civiles équilibraient mes jours militaires et où la guerre m'avait cueilli. Je dus à cette double circonstance la deuxième expérience notable de ma vie. Sur le flanc d'une colline de Hesse, avec 30 000 hommes jetés là pêle-mêle, tout a recommencé à zéro. A midi, les Allemands faisaient apporter des bassines de soupe au rutabaga ou des boules de pain et débrouillez-vous pour la journée. D'abord, ce fut le règne du plus fort, le gouvernement du couteau. Ceux qui s'emparaient des bassines se servaient par priorité et il convenait d'attendre de leur extrême bonté un peu d'eau sale, pour la survie. Par l'effet de quelle prise de conscience la masse a-t-elle renversé ce pouvoir absolu? Après tout, le couteau est le couteau, principe simple de l'ordre établi. Pourtant, cela n'a pas duré trois mois. Il faut avoir vu les nouveaux délégués, désignés on ne sait comment, couper le pain noir en six tranches au millimètre près, sous le contrôle écarquillé du suffrage universel. Spectacle rare et instructif. J'ai assisté à la naissance du contrat social. Je n'apprendrai rien à personne en notant que la hiérarchie naturelle du courage et de la droiture qui venait ainsi de s'affirmer plus puissante que le couteau ne correspondait que de loin à la hiérarchie d'autrefois, à l'ordre social et moral antérieur à l'univers des camps. Dérision! l'ordre ancien n'avait pas résisté à la soupe au rutabaga.

Tout prisonnier rêve de liberté, mais peu tentent de la conquérir. J'ai accompli dans ma vie deux ou trois actes qui n'ont dépendu que de moi. Pas davantage. Le premier fut de m'évader d'Allemagne. Non sans mal. J'ai préparé six mois une évasion, huit mois une autre. Elles ont échoué de justesse, l'une à Metz, l'autre aux abords de la frontière suisse. J'ai réussi à la troisième, engagée sur un coup de tête. Cela ne prouve rien, je l'admets. De la fenêtre de la prison, où à quelques encablures du Rhin, avait abouti ma longue marche vers la Suisse, je regardais, mélancolique, des prisonniers de guerre vaquer dans le village. Manquaient-ils de courage? Non. J'ai connu des camarades dont le courage m'émerveillait et qui n'ont jamais songé à s'évader. Pour une paire de souliers dans un paquet familial reçu huit jours avant la date que je m'étais fixée, j'ai failli ne pas partir de mon commando de Thuringe. La liberté est une rupture. Elle n'est pas une affaire de courage, mais d'amour.

Rentré en France, je devins résistant, sans problème déchirant. On ne se posait pas cette question dans les camps à la façon, je le découvris plus tard, dont on se la posait à

Paris. Vus d'Allemagne, Pétain et de Gaulle n'incarnaient pas deux politiques contradictoires. Nous étions en 1941, les voix de Londres n'entraient pas (ou si peu) dans nos baraques, mais le romantisme de la passion était du côté du général rebelle et j'avais vingt-cinq ans. Cela me suffit. Ce n'est pas cependant par rapport au général de Gaulle que je me suis déterminé. Il était loin. Il parlait beaucoup. Il était général. La France me paraissait plus proche et plus grande que lui. Je l'admirais, mais j'avais autant d'orgueil pour nos actions que pour les siennes. On me pardonnera ce péché de jeunesse. Bref, je fabriquai, envoyai des faux papiers à mes camarades du Stalag. Puis à d'autres prisonniers. Puis à d'autres qui ne l'étaient pas et qui, en France, avaient besoin de changer d'identité. Quand je me rendais en zone occupée, j'étais moi-même obligé de contrefaire mon état civil. Passé au stade industriel, le petit groupe auquel j'appartenais se fit le fournisseur de plusieurs mouvements de résistance.

1969, *PV*

(*ii*)

Comme la plupart des Français de l'époque je n'ai pas entendu l'appel du 18 juin.* Il y avait de bonnes raisons ce jour-là pour qu'un homme de ma génération fût hors d'état d'écouter, du fond de son fauteuil, la radio de Londres. La guerre avait sorti de chez eux deux millions de soldats et la débâcle projetait maintenant sur les routes cinq à six millions de civils au gré de l'avance ennemie.

Donc, ce 18 juin 1940, j'arrivai à Bruyères, dans les Vosges, poussé sur une civière roulante. Blessé devant Verdun j'avais tourné en rond dans le maelström de la poche lorraine que les forces allemandes réduisaient d'heure en heure. On m'avait transporté d'un hôpital à l'autre, sept en tout, avant de m'accorder à Vittel un matelas et les soins distraits d'un infirmier. Sitôt franchie la ligne mouvante de ce qui n'était déjà plus le front j'avais croisé le flot processionnaire de l'exode dont la hâte à atteindre un havre mythique se bousculait, se contrariait au point de sembler immobile. Parfois des avions allemands ou italiens, venus du plus beau solstice d'été donné aux hommes depuis longtemps, piquaient sur cette foule qui se couchait dans les fossés ou s'égayait dans les champs voisins et ils mitraillaient à plaisir ce gibier de guerre. L'alerte finie, le serpent se reformait et recommençait à tourner sur lui-même. En ce temps, on ne connaissait pas le transistor et je ne me souviens pas d'avoir perçu le grésillement d'un seul poste à galène.* Au reste, chacun se taisait, sauf pour le nécessaire. J'ai donc ignoré la B.B.C. et nul autour de moi n'en a su davantage. Les Allemands entrèrent à Bruyères. J'étais prisonnier. A l'hôpital, civils et militaires n'avaient qu'une pensée, l'armistice, qui les ramènerait à la maison.

Je regardais ce monde s'écrouler. La France avait été si rapidement, si complètement écrasée que continuer la lutte paraissait vain. Il n'y avait plus qu'une armée captive et un peuple fourbu. J'avais vécu la drôle de guerre* et me moquais d'un système et d'un ordre dont je me sentais étranger. Ce que j'avais vu de la IIIe République finissante m'avait enseigné qu'il n'y avait d'elle rien à aimer. Rien à espérer non plus. Elle se nourrissait de sa décadence et y puisait assez de forces pour qu'on pût la croire éternelle. Un jour viendrait, pensais-je, où elle tomberait d'elle-même sur elle-même, ruinée, usée, vidée, mais quand? Ses contours n'offraient pas de prise. Elle avait échappé au coup d'État de 1934* parce que ses adversaires d'extrême droite lui ressemblaient. Les liens de classe valent bien les liens de famille. Les Ligueurs du 6 février qui s'étaient arrêtés aux grilles du palais Bourbon alors qu'ils n'avaient plus que cette frontière dérisoire à franchir pour tenir le pouvoir, avaient compris que certaines choses ne se font pas quand on est entre soi. Ils avaient crié «A bas les voleurs», mais leur conscience morale n'avait pas étouffé leur conscience politique. Les voleurs ne leur avaient volé, après tout, qu'un peu de réputation et de menue monnaie. Pas de quoi tout casser. Ils s'étaient bornés à échanger Daladier contre Doumergue. La Rocque avait rangé ses fanions, Maurras avait brandi son couteau de cuisine. La belle révolution! L'union sacrée s'était scellée face à l'autre menace, la vraie, celle qui montait des usines et des faubourgs, et qui rassemblait dans une formidable colère les véritables volés, volés de pain, de liberté et bientôt de leur pauvre paix. Je n'appartenais ni aux uns ni aux autres. Ceux-là parce que je les connaissais trop, ceux-ci parce que je ne les connaissais pas. Mais je commençais à sentir à défaut de savoir. N'ayant pas deviné que le régime approchait de sa fin je pensais que la France était condamnée à subir à jamais le rite des crises ministérielles, la rhétorique triomphante, la médiocrité des caractères et je m'effrayais de ce temps mort dans la vie d'un grand peuple.

Puis la guerre était venue. J'avais vu les officiers de mon régiment qui devaient se faire tuer vaillamment en mai jouer au poker en avril, sans se soucier de leur troupe qui payait à leurs yeux le prix du Front populaire. Ils n'aimaient pas l'Allemagne mais admiraient le IIIᵉ Reich. Ils aimaient la France mais pas les Français. Ils n'étaient rien d'autre que le résidu d'une société qui hâtait le pas vers sa fin.

C'est à Lunéville, dans le camp où nous attendions d'être transférés en Allemagne, que j'ai entendu prononcer le nom de Charles de Gaulle pour la première fois. Un camarade, jeune comédien de talent, qui lisait dans les astres, m'apprit qu'à Londres un général inconnu avait refusé la défaite et il ajouta «quel beau nom pour une belle histoire». J'en convins et rêvai du présage.

J'échouai au commando 1515 de Schaala, en Thuringe. Nous étions deux cent cinquante prisonniers réputés intellectuels et regroupés à ce titre, sans doute parce que nous comptions une forte proportion de prêtres, de juifs, d'instituteurs, d'adjudants-chefs, d'avocats et de républicains espagnols. Nous consacrâmes nos œuvres au bottelage du foin et de la paille, à la construction d'une route, à l'entretien de voies ferrées. La qualification flatteuse dont nous étions l'objet n'accrût pas sensiblement le rendement de ces travaux. Coupés du monde, nous nous appliquâmes à édifier notre propre société. Je découvris que mes compatriotes étaient d'abord cuisiniers et juristes. L'un, notaire, rédigea en octobre 1940 les statuts de la future association des anciens prisonniers de guerre de Schaala. L'autre, jésuite, mitonna ses plats fins avec la graisse pour chaussures. Un instituteur administrait la répartition des tonnes de pommes de terre récupérées sur l'ennemi et camouflées sous les planchers. Malgré la disette de livres, de vêtements, de calories, ni notre esprit ni notre corps ne furent privés du nécessaire. L'ordre des premiers mois avait reposé sur la domination du couteau et la hiérarchie de la jungle. Il fut vite balayé et le couteau devint, en divisant exactement la boule de pain, l'instrument même de la justice. Paris avait à peine décapé l'éducation reçue dans ma Saintonge en demi-teinte, j'avais peu voyagé mais je crois avoir davantage appris de ce commando refermé sur lui-même que des maîtres de mon adolescence. Je ne dirai pas que nous avions bâti le phalanstère idéal. Mais je n'ai pas connu de communauté plus équilibrée que celle-là. L'hiver* était rude cependant. Hitler maîtrisait l'Europe. Soldats vaincus, ouvriers anonymes, nous étions reclus au centre de son empire. Il nous promettait pour mille ans une patrie nouvelle. Ah ! qu'étaient nos amis devenus, et devenus notre jeunesse et son mal du siècle d'un autre âge! Sur nous veillaient, puissances noires et rouges, Hitler, Mussolini, Franco et, de plus loin, Staline. Pour vivre, pour le courage de vivre et d'aller devant soi, il fallait réapprendre des choses simples. La liberté, par exemple. Je m'évadai.* Six cents kilomètres et vingt-deux jours de marche nous menèrent, mon compagnon et moi, à la frontière suisse ou plus précisément dans une solide prison du Sud-Würtemberg. En route nous avions eu faim et rêvé de pain, de lait, de miel. Dans ma cellule, j'imaginais les hautes herbes de la Charente où mon père pêchait le chevesne et le reflet du ciel léger dans l'eau dormante. Il me semblait que ma vie tout entière n'aurait pas assez de temps pour chercher et trouver dans ce cercle familier une certaine vérité perdue. Mais à Schaala, la voix du général de Gaulle nous était parvenue. Vieille patrie, vieille aventure, vieil avenir. Cette voix annonçait le printemps avec un amour neuf. Elle exigeait l'effort et la volonté du refus. Je n'eus pas de peine à comprendre que ce qu'elle me disait à moi comme aux autres était aussi simple que le miel, le lait et le pain.

Voilà pourquoi, moi qui n'ai jamais été gaulliste, j'ai toujours refusé d'être anti.

24 September 1971, PG

3 IDEAS OF FRANCE

(i)

Qui ne se fait une idée de la France? J'en ai plusieurs. Celle que j'ai reçue des miens, je ne l'ai pas oubliée et je la garderai jusqu'à la mort. Elle a été formée aux sources d'un enseignement simple et fier qui traitait la France à la fois comme une personne et comme un mythe, être vivant qui aurait eu la jeunesse de saint Louis, l'adolescence de Clouet, l'âge mûr de Bossuet et qui serait à jamais indemne de vieillesse et de mort. Cette France-là, porteuse d'un peuple élu, assemblage de races et de langues soudées pour l'éternité par les puissances du sol, relevait de Dieu seul. Ses personnages principaux étaient des paysages, des horizons, des cours d'eau, ses monuments autant de collines de Sion. Son histoire était tracée par une filiation d'hommes illustres dont les derniers en date étaient Pasteur et Clemenceau. Au vrai, c'était une moitié de France, la moitié rurale, fidèle, spiritualiste et qui croyait être la France tout entière. De la seconde moitié, nébuleuse de villes, de révolutions, de grèves et de fumées d'usines, elle ne savait rien tout en la redoutant. Je grossis le trait. J'ai déjà dit qu'il n'y avait à la maison, chez mon père, ni haine ni mépris pour les choses de l'extérieur. Mais tout à côté de cet îlot de bonne foi et de bonne volonté, nous entourait un monde qui croyait être le nôtre et qui ressortait davantage de la science de l'entomologiste que de l'étude de l'historien. Je reste interdit à la pensée que ce monde clos existe encore quelque part, plus étendu qu'on ne l'imagine, réfractaire aux courants et aux mouvements modernes dont nous avons tendance à croire, à Paris, qu'ils ont bouleversé jusqu'aux tréfonds la société de nos provinces. En dépit de son extraordinaire capacité d'adaptation aux exigences de l'époque actuelle, le général de Gaulle appartient à cette tradition pastorale et c'est dans l'histoire des dates apprises par cœur, des naissances de dauphins, des fiançailles de princesses et des batailles de Marignan qu'il a retenu sa place.

L'autre idée de la France je l'ai gagnée par contagion. Je crois qu'elle m'a été transmise sur la route de Thuringe, à quelques kilomètres d'Iéna, que traçait au pic et à la pelle notre commando 1515, de Schaala. J'ai mesuré le temps que durent les heures du matin jusqu'au soir quand il ne reste du monde ébloui d'autrefois que l'amitié d'un geste, le secours d'un regard, la force de la fatigue et de la misère partagées. Nul n'avait choisi la communauté qui était devenue la mienne sinon l'index indifférent d'un épais *feldwebel*. Mais je ne l'aurais pas mieux composée pour le plaisir de vivre. Le malheur n'était plus le malheur. Nous avions en nous une patrie qui chantait avec les chansons, qui priait avec les prières, qui ne pleurait pas sur elle-même. Cette patrie est dispersée aujourd'hui sur la terre, sous la terre. Elle est à Jérusalem, à Barcelone, à Cracovie, à Tahiti autant qu'à Yssingeaux ou à Thiers. Cette idée de la France, je l'aime peut-être plus que celle de mon enfance et elle ne me quittera pas non plus tant, du moins, que durera le ciel noir de Landsberg où, premier visiteur du printemps revenu, j'ai ouvert les portes du camp des Juifs sur le silence des morts, les pieds noirs d'avoir brûlé vivants. Je l'ai traînée un peu partout. Dans les bidonvilles de Kenchela et de La Réunion, à Queens autant qu'à Harlem, dans la banlieue de Téhéran ou de São Paulo. En France aussi, dans la crasse d'une société qui s'épuise à se laver les mains. Je sais que je ne suis qu'un témoin, que je ne puis exprimer ce que ressentent, ce que veulent, ce que peuvent les masses livrées à l'injustice, mais je sais que ceux qui les oppriment ne sont pas de la même patrie que moi. Des mots réputés sots ou usés à la corde m'émeuvent. Le pain, la paix, la liberté. Là où on les cherche, là où on les trouve, je me sens arrivé de nouveau chez moi.

1969, *PV*

(*ii*)

Guilbert insiste: «Avez-vous une idée de la France et laquelle?» Une certaine idée de la France, l'expression est du général de Gaulle. Je ne l'aime pas et me reproche de l'avoir, à mon tour, employée dans un livre.* Je n'ai pas besoin d'une idée de la France. La France, je la vis. J'ai une conscience instinctive, profonde de la France, de la France physique et la passion de sa géographie, de son corps vivant. Là ont poussé mes racines. L'âme de la France, inutile de la chercher: elle m'habite.

J'ai vécu mon enfance au point de rencontre de l'Angoumois, du Périgord et de la Guyenne. Je n'ai pas besoin qu'on me raconte d'histoires sur la France. Ce que j'éprouve d'elle se passe d'éloquence. J'ai vécu des saisons entières en pleine nature dans une famille nombreuse et solitaire. Elles reviennent toujours, les saisons, sauf le jour de la mort. Plus tard, j'ai dû m'habituer à d'autres visages de la France, celui de la montagne, de l'industrie, des corons, des banlieues. Je les ai abordés avec le même goût de connaître ce pays, le mien, si divers, si varié et pourtant semblable à lui-même, un. Mais il me faut, pour ne pas m'égarer, garder le rythme des jours avec un soleil qui se lève, qui se couche, le ciel par-dessus la tête, l'odeur du blé, l'odeur du chêne, la suite des heures. D'où le mal que j'ai à retrouver mes pistes dans la France du béton. Mais là encore, puisque c'est la France, aussi, je me sens chez moi.

10 October 1977, *AA*

4 'C'EST LA MÊME POUSSÉE QUI ME MEUT'

J'ai changé dans la continuité. La formule faisait sourire
l'an dernier.* Celui que j'étais, je le suis ou plutôt, pour
rendre raison à Walt Whitman, je le deviens. Du petit garçon
qui était moi et dont l'image visite ma mémoire à la façon de
l'aiguille sur le disque rayé, glissant toujours vers les
mêmes sillons qui poussent les mêmes notes, je ne sais plus
grand-chose hors trois ou quatre situations fixées une fois
pour toutes et dont l'éclat brouille l'alentour. Un chemin
creux que notre géographie familiale nommait le raidillon,
conférant à ce diminutif une majesté singulière, une allée
plantée de pommiers qui traversait des champs de blé, un
mur du haut duquel, le dos sur la pierre plate, je plongeais
dans le ciel, une fenêtre de grenier qui sentait le maïs et d'où
je contemplais par-delà les tilleuls le paysage français qui a
commandé à jamais l'idée que j'ai du paysage français.
Inutile de le raconter sinon pour indiquer qu'il y avait des
chênes, des saules, une rivière et la vallée qui se relevait
pour se fondre dans le bleu horizon, couleur de circonstance
des années d'après-guerre, à hauteur assez honorable pour
qu'on pût se flatter d'avoir devant soi des collines.
J'entends encore le murmure des conversations du soir, dans
le noir, ma grand-mère immobile, les doigts noués sur son
ouvrage un moment délaissé, regardant la nuit s'étendre
sur le jardin et peu pressée de se lever pour allumer le
manchon à gaz du plafonnier. Les paroles s'élevaient, sur un
ton grégorien, avec, entre elles, des épaisseurs d'ombre.
Cela finissait par des oui et des non qui ne répondaient à rien
ni à personne. Chacun partait en voyage sur les étriers de
l'imagination et hop ! franchissait les frontières du temps.

Je ne cherche pas à égrener des souvenirs. Ceux que
j'évoque ici me servent à cerner une vérité qui s'échappe
par les fenêtres grandes ouvertes de la mémoire. De cette
salle à manger de campagne, barque ou nacelle, où nous
rêvions nos vies jusqu'à ce jour où j'écris ces lignes à
Nevers, par un samedi soir où se télescopent les pétarades

des moteurs, les annonces publicitaires de la Foire-Exposition et les notes aigrelettes d'un angélus électronique, s'il y eut des ruptures elles n'ont touché que la surface. Se perpétue en moi le mouvement qui a commencé avec moi. C'est la même poussée qui me meut.

Veut-on savoir si je me voyais roi ou pape? Pour peu que cette idée m'eût jamais visité, elle a duré moins d'un été. Mais ce monde dont je ne connaissais que dix villages d'une province, j'avais l'intolérable sensation de le supporter tout entier. Je communiquais avec lui au point de m'en attribuer la vocation sublime. Bref, j'étais plus proche de moi-même et des autres à quinze ans que je ne le suis à deux pas de la soixantaine.

15 January 1975, *AA*

POLITICAL LIFE AND IDEAS

5 THE FOURTH REPUBLIC

Stable dans ses desseins, dans ses équipes et dans son comportement, la politique française ne sut pas l'être à l'endroit où l'on aurait aimé qu'elle le fût: à sa tête. Née dans l'équivoque d'une révolution manquée et d'une victoire douteuse, la IVᵉ République avait reçu en héritage les manies et les travers de la IIIᵉ, morte six ans plus tôt dans la ruine et l'opprobre. Elle collectionna les crises ministérielles et jongla avec ses présidents du Conseil, vedettes d'un jour. Les crises firent se succéder à la direction du gouvernement des présidents bons pour un mois, trois mois, six mois. M. Guy Mollet battit un record de durée déjà vieux en demeurant à l'Hôtel Matignon plus d'une année et demie.* Aux Jeux olympiques de sa catégorie notre champion ne serait pas allé loin! L'Assemblée nationale se lassait-elle des hommes à ce point qu'elle ne pouvait les supporter plus longtemps qu'un modeste bail? Trop d'appétits sans doute ne se délivraient que par la chute d'un ministère. Mais une autre explication s'impose. Rarement dynamique, souvent peureuse, toujours prudente, la IVᵉ République assura sa permanence par des méthodes de gouvernement qui laissèrent croire que la France de la deuxième après-guerre avait choisi d'ignorer le monde bouillonnant et désordonné d'alentour. Avec une ténacité incroyablement dédaigneuse des humiliations, des échecs et de l'impopularité, elle montra une obstination forcée et, en un certain sens, remarquable pour empêcher toute variation aux normes d'existence qu'elle s'était, dès l'origine, fixées. En conséquence la politique française était tellement figée que jamais elle ne précédait ni ne préparait l'événement. Quand celui-ci se produisait, qui contraignait au changement, elle résistait d'abord et tirait au renard.* Puis comme il fallait bien se soumettre et obtempérer, elle se décidait au sacrifice et offrait, non sans plaisir, au dieu mauvais, son président du Conseil.

Ainsi toute orientation nouvelle du contexte social, économique, électoral, ou du panorama extérieur (international ou d'outre-mer) ne pouvait se dégager qu'au moyen d'une crise. La crise devenait la garantie de la stabilité. On comptait sur son bon emploi pour amortir les évolutions dont on redoutait les sautes trop rapides ou trop aiguës. L'exemple parfait de cet usage demeure l'opération qui, en 1951, fit succéder M. Queuille à M. Pleven. Le premier, de ministre d'État passa à la présidence du Conseil, chemin que le second accomplit à rebours. Le ministère entier resta en place et rien d'autre ne fut changé.

Un ministère par problème, telle était la règle de la IVe République. Dès qu'un gouvernement avançait d'un pas, il tombait. Toutes ses forces mobilisées pour ne point avancer, une pichenette l'ébranlait.*

Dans une société universelle où il ne se serait rien passé, où il n'y aurait eu ni Amérique, ni Russie, ni ouvriers, ni patrons, ni colonies, ni émancipation, ni bombe atomique, ni rampe de lancement, ni monnaie, ni prix, ni air, ni eau, ni feu, notre politique eût été admirable. On l'eût offerte en exemple au monde puisque rien ne pouvait le surprendre. Mais de l'événement, que faire? Indochine, Tunisie, Maroc, Algérie,* salaires, franc, cela bougeait, menaçait, corrompait l'équilibre le plus savant. Aucune constitution n'a prêté ni ne prêtera aux hommes de gouvernement la volonté, l'imagination et surtout une véritable indépendance de jugement et d'action. Ainsi furent anéanties les chances du régime qui avait pansé les plaies de la deuxième guerre mondiale avec une rare intelligence et donné pour vingt ans un vigoureux élan au développement économique et social de la France. «Les ministres de la Ve République n'ont pas assez de dimanches pour inaugurer les réalisations de la IVe», a justement observé Félix Gaillard.*

Mais la toute-puissance d'un clan appuyée sur des lois électorales suspectes avait bloqué les rouages du système qui régissait la France, ce pays où les opinions sont si diverses et si nuancées qu'aucune d'entre elles ne peut espérer l'emporter assez nettement par le suffrage universel pour gouverner par ses seuls moyens. Tout fut donc coalition, conciliation, compromis. De ce compromis naquit l'étrange, l'extraordinaire, l'équivoque stabilité qui condamna la République parlementaire à dépérir lentement avant de disparaître, d'un coup et sans fracas.

Les conséquences de cet état de choses étaient fatales. Puisqu'une crise politique se déclenchait sur un détail – dans l'impossibilité où l'on était de la faire éclater pour une affaire de quelque importance – le peuple finit par s'irriter de tant d'absurdités. Aux lois de la vie nationale s'étaient peu à peu substitués les règlements pour initiés d'un club intemporel. Mais dans ce club la France manquait d'air. Elle alla respirer ailleurs.

1964, CEP

6 'LA Ve RÉPUBLIQUE EST UN RÉGIME DE COUP D'ÉTAT'

Entre de Gaulle et les républicains il y a d'abord, il y aura toujours le coup d'État. Sacrifiant à l'usage, saluerai-je avant d'aller plus loin l'homme du 18 juin 1940,* le chef de la France en guerre, le libérateur de la Patrie, et gémirai-je sur le malentendu qui l'oppose aujourd'hui à ses compagnons d'autrefois restés républicains? Mais il n'y a pas de malentendu. De Gaulle occupe le pouvoir parce qu'il l'a ardemment désiré, patiemment approché, habilement investi, audacieusement saisi. Je ne lésine pas sur l'hommage dû au soldat lucide et courageux qui à l'heure du doute a pris parti pour son pays. Je lui dénie seulement le droit de considérer que les services rendus valent inscription d'hypothèque sur la nation* et je déplore qu'il tire un bénéfice illicite de sa gloire, cet incomparable investissement historique. Du 13 mai au 3 juin 1958, le général de Gaulle a réussi un premier coup d'État.* Après avoir inspiré une conjuration politique et exploité une sédition militaire, il a renversé l'ordre établi mais décadent qui s'appelait quand même la République. Telle est la vérité qui, assurément, contredit la version officielle selon laquelle le général de Gaulle, la preuve faite de l'impuissance de la IVe République, aurait exercé un arbitrage entre l'État humilié et d'arrogants vassaux, rétabli l'ordre, garanti le respect des lois et assumé sans rupture de continuité les pouvoirs de la République. Au reste, l'insistance que met le général de Gaulle à invoquer à tout propos et hors de propos ce qu'il nomme «sa légitimité» souligne le besoin qu'il éprouve d'une justification. De cette légitimité discrètement sous-entendue tout le temps de sa retraite à Colombey* il proclama le dogme lors de l'affaire des Barricades d'Alger* par cette formule sacramentelle prononcée à la radio-télévision: «En vertu du mandat que le peuple m'a donné et de la légitimité nationale que j'incarne depuis vingt ans, je demande à tous et à toutes de me soutenir quoi qu'il arrive.» Effarés mais prudents devant cette incroyable affirmation les milieux politiques ricanèrent, mais se gardèrent de protester. Apparemment résignés à se laisser effacer de l'Histoire sans broncher, les deux anciens présidents de la République vivants à l'époque restèrent muets. Fidèle à sa méthode qui consiste à tâter, à sonder le terrain avant de l'occuper, de Gaulle vit qu'il pouvait pousser l'avantage et s'essaya peu après à définir la nature du droit qu'il s'octroie à régner sur la France: «La légitimité profonde, précisa-t-il, est celle qui procède non point de la représentation multiple, incertaine et troublée des tendances qui divisent la Nation, mais bien des sentiments, des espoirs, des institutions qui tendent au contraire à les unir», étant bien entendu que ces sentiments, ces espoirs et ces institutions, lui-même les incarne. L'audace de l'argument ne parvient pas cependant à dissimuler une sorte de gêne. Le général de Gaulle souffre de ne gouverner que par effraction, au détriment de la légalité en vigueur. Cette légalité qui se refuse à lui il la récuse, il la bafoue, mais la légitimité, plus légendaire qu'historique, dont il s'oint pour en tenir lieu ne le délivre pas de sa nostalgie. On le croit préoccupé de sa succession alors que son vrai souci est de consolider l'origine de son pouvoir en lui constituant après coup un état civil convenable. Aussi quand j'observe que la Vᵉ République est un régime de coup d'État ai-je le sentiment de commettre à son égard la plus impardonnable des offenses. M'en excuserai-je? Je m'obstinerai pourtant jusqu'à dire mes raisons. Non pour détruire un mythe qui m'importe peu mais pour démontrer le mécanisme d'une opération et les ressorts d'une politique dont il m'est nécessaire de déceler les causes si j'en veux juger les effets.

1964, *CEP*

7 'DE GAULLE SERAIT-IL UN DICTATEUR?'

Sous ma plume s'est glissé le vocable de dictature. De Gaulle serait-il un dictateur? Je ne cherche pas à l'abaisser en le plaçant dans une rubrique où ma génération s'est habituée à ranger pêle-mêle Hitler et Mussolini, Franco et Staline. [. . .] Mais si de Gaulle n'imite personne, ne ressemble à personne sinon, à la rigueur, à un Louis-Napoléon Bonaparte qu'habiteraient les vertus bourgeoises de Louis-Philippe Iᵉʳ, ce qui serait plutôt rassurant, le gaullisme, lui, porte des stigmates qui ne trompent pas. Son évolution évoque, avec une totale absence d'originalité, aussi bien les velléités des plus plates, des plus ternes, des plus molles dictatures, telle celle qu'à Vichy, sous couleur d'ordre moral, le maréchal Pétain infligea aux Français, que l'implacable volonté de puissance des consuls d'Occident qui, pour donner le change, s'érigent en défenseurs de la civilisation chrétienne. Mais en appeler au nazisme, au fascisme, dont les crimes ont marqué notre jeunesse, serait excessif. Cette analyse n'a pas besoin du secours de l'exagération pour déceler dans le gaullisme les plus dangereuses virtualités d'une dictature hypocrite en ses commencements, habile à progresser à pas feutrés et que la nécessité révélera soudain dans sa cruelle vérité.

Qu'est-ce que la Ve République sinon la possession du pouvoir par un seul homme dont la moindre défaillance est guettée avec une égale attention par ses adversaires et par le clan de ses amis? Magistrature temporaire? Monarchie personnelle? Consulat à vie? [. . .] Et qui est-il, lui, de Gaulle? *duce, führer, caudillo, conducator,* guide? A quoi bon poser ces questions? Les spécialistes du Droit constitutionnel eux-mêmes ont perdu pied et ne se livrent que par habitude au petit jeu des définitions. J'appelle le régime gaulliste dictature parce que, tout compte fait, c'est à cela qu'il ressemble le plus, parce que c'est vers un renforcement continu du pouvoir personnel qu'inéluctablement il tend, parce qu'il ne dépend plus de lui de changer de cap. Je veux bien que cette dictature s'instaure en dépit de de Gaulle. Je veux bien, par complaisance, appeler ce dictateur d'un nom plus aimable: consul, roi sans couronne, sans chrême* et sans ancêtres. Alors, elle m'apparaît plus redoutable encore. Peut-être, en effet, de Gaulle se croit-il assez fort pour échapper au processus qu'il a de son propre mouvement engagé. Peut-être pense-t-il qu'il n'y aura pas de dictature sans dictateur puisqu'il se refuse à remplir cet office. Cette conception romantique d'une société politique à la merci de l'humeur d'un seul homme n'étonnera que ceux qui oublient que de Gaulle appartient plus au XIXe siècle qu'au XXe, qu'il s'inspire davantage des prestiges du passé que des promesses de l'avenir. Ses hymnes à la jeunesse, ses élégies planificatrices ont le relent ranci des compliments de circonstance. Sa diplomatie se délecte à recomposer les données de l'Europe de Westphalie.* Ses audaces sociales ne vont pas au-delà l'*Essai sur l'extinction du paupérisme*.* Au rebours de ses homélies «sur le progrès», les hiérarchies traditionnelles, à commencer par celle de l'argent, jouissent sous son règne d'aises que la marche accélérée du siècle leur interdisait normalement d'escompter.

Je ne doute pas que l'accusation d'aspirer à la dictature le hérisse. Sa réponse aux journalistes accourus à sa conférence de presse du Palais d'Orsay pendant la crise de mai 1958:* «Croit-on qu'à soixante-sept ans je vais commencer une carrière de dictateur», exprimait le souci sincère d'épargner au personnage historique dont il a dessiné les traits dans ses *Mémoires* cette fin vulgaire. On le devine désireux d'exercer sur ces concitoyens une magistrature paternelle, un consulat éclairé. A la condition préalable et nécessaire toutefois que les Français s'abandonnent à lui pour le meilleur et pour le pire, pour la paix et pour la guerre, pour les grandes espérances et pour l'orgueilleuse solitude, pour la joie et pour le malheur de vivre, pour les poussières radioactives et pour le pain quotidien. Et si les Français renâclent, on fera leur bonheur malgré eux. On rétorquera: «Mais les Français ne renâclent pas, ou du moins, pas encore. De Gaulle dictateur? Tout au plus un père qui gourmande, qui corrige, qui châtie, non un bourreau d'enfants. Un père qui pense à tout, qui pense pour tout le monde, n'est-ce pas commode pour tout le monde même si c'est commode pour de Gaulle? Cessez ce paradoxe et ne reprochez plus à de Gaulle d'opprimer un peuple qui l'acclame.»

A vrai dire le comportement de de Gaulle à l'égard du peuple et le comportement du peuple à l'égard de de Gaulle sont d'un intérêt secondaire. Ce n'est pas la première fois qu'un homme d'un grand éclat suscite l'amour des foules. Un passé glorieux, une bonne technique de la propagande et une police vigilante représentent trois atouts maîtres qui, dans la même main, l'Histoire l'a cent fois prouvé, balaient les autres jeux. L'essentiel est de savoir que de Gaulle, le désirant ou le déplorant, pour rendre son pouvoir intouchable est contraint, quoi qu'il veuille, de le faire absolu. Non seulement, par tempérament, par inclination, par goût, il évite le conseil et s'éloigne des représentants élus de la Nation, non seulement par méthode et pour maintenir son prestige hors d'atteinte, pour affûter le réflexe des masses naturellement portées à se tourner à l'heure du péril vers l'homme qui n'a dévoilé ni les ressources de sa pensée ni les ressorts de son action, il use du silence et de la solitude, mais encore il pressent que tout pouvoir qui ne lui est pas soumis se transforme fatalement en pouvoir ennemi, que toute parcelle du pouvoir qui lui échappe pourrit, comme une gangrène, le pouvoir entier, qu'il n'y a pas de *no man's land* entre ses adversaires et lui, qu'une place qu'il n'occupe pas est déjà une place perdue. Et il ne peut pas en être autrement.

1964, *CEP*

8 'L'ORDRE SOUVERAIN DU PRÉSIDENT'

(*i*)

Les ministres qui s'assoient dans le coin qui leur est fixé par le rituel de ces messes dorées que sont les conférences de presse du général de Gaulle ignorent de quoi il sera parlé. Observons-les lors des retransmissions télévisées. Ils sont comme sur un banc d'école, s'esclaffent ou sommeillent, applaudissent ou bâillent et parfois échangent furtivement leurs impressions, bouche en biais derrière la main pour ne point attirer sur eux l'œil sourcilleux du maître. Il y a beau temps qu'ils ont démissionné de leur ancienne dignité tout en conservant titres, palais, carrosses et un strapontin dans le salon de la Pompadour, au cénacle de l'Elysée, le mercredi matin.* Ils apprennent ce que fera la France en même temps que le Philippin et le Guatémaltèque et partagent avec mille invités la pâture que leur jette celui qui pense et agit pour eux. Il arrive, mais rarement, que certains se fâchent de n'être plus rien alors qu'ils croyaient avoir accédé au rang de quelque chose. [. . .] «Toutes les décisions importantes sont du ressort des décrets»,* a déclaré le général de Gaulle, le 20 septembre 1962. Mais les décrets ne sont pas tous pris en Conseil des ministres et quand celui-ci est consulté, on sait quel poids ont ses avis! Et comme, par nature, le décret échappe au vote du Parlement, force est de constater qu'en France l'ordre souverain du Président devenu monarque fait la loi, vaut la loi, est la loi.

1964, *CEP*

(*ii*)

Si considérable est l'importance du choix qui commandera pour longtemps non seulement le destin de notre pays mais encore celui des peuples d'Occident qu'on voudrait être sûr qu'il s'agit bien du choix de la France. Mais le général de Gaulle conçoit, médite, décide hors des précédents et des jurisprudences, étranger aux dialogues. Lui seul est véritablement souverain parmi les grands de la terre. Le chef d'un État démocratique écouterait son Parlement. Le chef d'un État communiste irait devant son parti. Le chef d'un Etat fasciste réunirait ses hiérarques. Un roi de l'Ancien Régime délibérerait en son Conseil. Tandis que dans la France d'aujourd'hui le Président de la Ve République, qui n'est pas même, selon la Constitution, chef de l'Exécutif,* dispose, grâce au «secteur réservé» qu'il s'est à lui-même attribué en se plaçant hardiment hors la loi, du droit de vie et de mort sur l'avenir de son peuple.

1964, *CEP*

9   FRENCH SOCIALISM'S STRUGGLE FOR SOCIAL AND ECONOMIC RIGHTS

Qu'adviendra-t-il des libertés si la gauche gagne les élections?* Les quatre journalistes qui m'interrogeaient à l'émission «Actuel 2», en septembre dernier, n'avaient que cette question à la bouche. Je les sentais sincères. Mais il était visible qu'en dépit des garanties prévues par le programme commun,* ils n'avaient pas trouvé la réponse que, sans doute, ils n'y cherchaient pas. Ils étaient prêts à consentir aux socialistes le bénéfice de la bonne foi. Mais ils dénonçaient l'accord avec les communistes comme le signe avant-coureur de la mort de nos libertés. Peut-être employaient-ils l'argument par goût de la controverse, pour me pousser dans mes retranchements. Je comprenais cependant à mesure qu'ils m'assaillaient et me sommaient de m'expliquer que le mot liberté n'avait pas pour nous le même sens, que le débat tournait à vide.* Au-delà de la polémique ils reflétaient sans le vouloir, peut-être sans le savoir, l'idée que l'on se fait à droite des libertés publiques.

La droite situe l'âge d'or dans un passé mythique, modèle parfait d'un monde fini vers lequel tend l'humanité dont l'accomplissement rejoint ainsi les origines. Elle considère que tout a été donné une fois pour toutes à l'homme qui, égaré par les mirages du changement, ne cesse de dissiper cet héritage fabuleux, l'Ordre par exemple, avec une majuscule, projection sur la terre du paradis perdu. La gauche, au contraire, croit à l'avenir et construit au futur la cité idéale. Elle sait que l'homme n'est pas né libre, même s'il est partout ou presque dans les fers. Pour un socialiste la liberté n'existe pas à l'état naturel. Elle s'invente chaque jour. En 1789, on a appelé Révolution l'avènement de la démocratie politique. C'en était une, en effet, que la reconnaissance des droits individuels: parler, écrire, aller, venir. Mais ces droits la classe dirigeante les a confisqués chaque fois qu'elle l'a pu. La liberté de s'exprimer pour Camille Desmoulins* c'était la possibilité de vendre à la criée, sur les boulevards de Paris, une petite feuille recto verso. Aujourd'hui ce serait le droit de parler à la télévision. Ou d'éditer un journal sans passer par les fourches caudines de la publicité.* Mais la bourgeoisie, qui possède la propriété du capital, fondement du pouvoir dans notre société, tient

les cordons de la bourse et dispose des mass media. Camille
Desmoulins attendra la prochaine révolution. D'ici là il
devra se taire ou parler à mi-voix.

La liberté des échanges permet théoriquement à chacun
de faire du commerce, sans entraves. Vend qui veut ce qu'il
veut. Mais à mesure que le capitalisme se développe la production et la distribution se concentrent en quelques mains.
C'est au nom de la liberté du commerce que les magasins à
grande surface et à succursales multiples* concurrencent sur
place les commerçants propriétaires de leurs fonds, et c'est au
nom de la liberté du commerce qu'ils les étranglent. La
liberté, y compris celle de tuer, c'est sacré. Les victimes n'y
voient que du feu. Attachés au principe qui leur a longtemps
permis de vivre et de prospérer, les petits commerçants n'ont
pas prêté attention à l'évolution interne du système capitaliste, évolution prévue depuis plus d'un siècle par les
théoriciens socialistes, et ils ont continué d'invoquer une
liberté formelle qui, loin de les protéger, couvrait les
agissements de ceux qui préparaient leur ruine. Un com-
merçant en faillite, un industriel aux abois ne songent pas
à incriminer les monopoles qui les ruinent. Ils votent contre
la gauche dont on leur dit qu'elle leur arracherait une liberté
et une propriété qu'ils ont déjà perdues. Des milliers et des
milliers de petits entrepreneurs rêvent éveillés, croient
qu'ils sont propriétaires et maîtres après Dieu de leur
affaire, négoce, usine ou atelier alors qu'ils n'en sont plus
que les gérants pour le compte d'autrui, ou bien les sous-
traitants. On se voudrait psychanalyste pour expliquer ce
phénomène. Les socialistes n'ont gouverné que quelques
années depuis le début du siècle. La droite et le centre,
agents également fidèles du capitalisme, ont présidé le
reste du temps au processus inéluctable d'une société
condamnée à dévorer sa propre substance pour survivre.
Mais les partis conservateurs gardent trop souvent la
confiance et les suffrages de ceux qu'ils ont pour mission
d'écraser.

C'est ce rêve tenace de la libre entreprise qui pousse une

large fraction des classes moyennes à considérer comme une atteinte à leurs droits la nationalisation de la banque et d'industries comme celles de la chimie, de l'armement, de l'industrie pharmaceutique, de l'industrie nucléaire, de l'ordinateur* – tous domaines où elles n'ont jamais eu accès ou dont elles ont été chassées, il y a belle lurette. A une délégation du Cid-Unati* qui me présentait, à Marseille, ses revendications j'ai, un jour, observé: «Vous voyez qu'on n'a pas eu besoin de nous pour vous ruiner.» Plus longtemps durera le rêve, plus sûrement les classes moyennes seront éliminées. Le mécanisme qui les broie ne dépend ni de la bonne ni de la mauvaise volonté de ceux qui s'en servent. Chaque système économique a ses lois, aussi certaines, aussi rigoureuses que le mouvement des astres dans l'espace. La loi du système capitaliste est la loi de la jungle et la jungle appartient au plus fort et si le plus fort échappe à sa nécessité qui est de manger le plus faible, c'est lui le faible et lui qu'on mangera. Un conservateur jugera que telle est la leçon de la vie en toutes choses. Un socialiste pensera que la fonction de l'homme, j'allais écrire sa noblesse, est, au contraire, de refuser «le cours des choses», de partir à la recherche des chemins de sa liberté, d'inventer le monde où il s'épanouira et d'organiser la société.

Qu'était-ce au XIXe siècle que la liberté du travail, pourtant décrétée en 1791, quand il n'y avait pour les prolétaires ni droit au salaire, ni droit à la sécurité, ni droit au logement, ni droit à l'instruction, ni d'autres limites à la durée du travail que celles qui concernaient les enfants et les femmes? Et après quelles batailles! Il avait fallu de dures campagnes d'opinion pour que fût interdite, en 1841, l'admission des enfants de moins de huit ans dans les entreprises industrielles, pour que les enfants de cinq ans, parfois attachés aux machines, cessassent de travailler 14 à 15 heures par jour au prix de quelques sous et pour limiter à 12 heures par jour le travail des enfants de huit à douze ans. Certains qui se proclamaient libéraux exprimèrent à l'époque leur inquiétude devant cette mesure nuisible à l'expansion! Quant à la première loi sur le travail féminin elle date de 1874. Il est vrai que le Code civil, fort prolixe sur le louage des choses, n'avait consacré que trois articles (1779, 1780, 1781) au contrat de louage de service et que les rédacteurs de l'article 1781 initial avaient écrit: «Le maître est cru sur son affirmation pour la quotité des gages . . .». Dupin, qui n'était pas suspect de tendresse pour la démocratie sociale, relatait devant la Chambre des Pairs que sur 10 000 travailleurs des dix départements les plus manufacturiers de France, 8 990 étaient réformés pour rachitisme par les conseils de révision.* Il suffit de relire le rapport Villermé,* présenté en 1840 à l'Académie des Sciences morales et politiques sur «le tableau physique et moral des ouvriers employés dans les manufactures», pour qu'apparaisse la France dont on ne parlait pas, la France des douleurs, la France des colères avec ses millions d'hommes et de femmes rivés à leur malheur et, pendant près d'un siècle, privés du droit de vivre dans le pays des libertés.

En 1848, le prolétariat faisait son entrée avec quelque retard dans le cercle des citoyens par la grande porte du suffrage universel.* Le bulletin de vote n'est-il pas le garant d'une société démocratique? Les socialistes l'admettent et le proclament tout autant que les autres républicains et n'ont pas été les derniers à se battre pour arracher cette conquête à la bourgeoisie censitaire.* Mais ils en connaissent aussi les limites dès lors que les structures économiques et l'environnement culturel restent dominés par une classe dirigeante dont tous les efforts tendent à se perpétuer, à se reproduire et qui conserve à cet effet la maîtrise des leviers de commande dont dépend la marche de notre société. Par une singulière ironie de l'Histoire, en même temps que la première révolution politique proclamait l'avènement des libertés individuelles, des droits de l'homme et du citoyen, la première révolution industrielle donnait à une minorité le pouvoir d'user pour elle seule des franchises reconnues à tous.

Le suffrage universel n'empêcha ni l'écrasement de la IIe

République morte sur les barricades du faubourg Saint-Antoine à l'âge de quatre mois, ni le massacre des trente mille communards coupables d'avoir cru à la résistance nationale et fusillés pour crime d'espérance.* Mais le r y t h m e du développement industriel s'était accéléré entraînant avec lui les concentrations d'ouvriers autour de la forge, du métier à tisser, de la mine. Le prolétariat avait pris conscience de son nombre, de sa misère et de sa force. La première Internationale venait de naître.* La théorie socialiste avait apporté aux masses en mouvement son explication de l'Histoire. Les socialistes allaient se rassembler au sein de la section française de l'Internationale ouvrière, et dans les syndicats. Une partie des classes moyennes restées fidèles à la leçon de 89 s'apprêtait à rejoindre le combat commun. Une force nouvelle, issue des profondeurs du peuple, se dressait désormais face à la classe dirigeante.

Avec Jaurès et Blum* les socialistes n'ont cherché qu'à restituer aux grands principes leur valeur, à la liberté sa signification, aux opprimés leur droit. La lutte engagée sur tous les terrains et «par tous les moyens y compris les moyens légaux», comme aimait à le dire Jules Guesde, n'a eu d'autre but que d'agrandir le champ des droits individuels et d'ouvrir celui des droits collectifs. Mais il était évident que la classe dirigeante, tenant ses privilèges de la propriété du sol et des moyens de production, seule une transformation des structures économiques les lui ferait abandonner et que cette transformation ne résulterait que d'une action par nature révolutionnaire.

Le capitalisme assiégé a cédé du terrain sans jamais renoncer au pouvoir. Qui croira que sans les socialistes et la pression des masses eussent été arrachés aux maîtres de l'argent le droit de grève, la procédure de conciliation et d'arbitrage, la reconnaissance des syndicats, le salaire minimum, la limitation des heures de travail, le repos hebdomadaire, les assurances sociales, avant qu'un gouvernement, celui de Léon Blum, n'obtienne des députés du Front populaire, en l'espace de quelques semaines, la semaine de 40 heures, les conventions collectives, les congés payés, la nationalisation des fabrications de guerre, la prolongation de la scolarité, l'office du blé, l'assurance contre les calamités agricoles, le fonds national de chômage, la retraite des vieux travailleurs des villes et des campagnes, la refonte du statut de la Banque de France?

Organiser la société pour libérer l'individu je ne reconnais pas d'autre mission au socialisme. Pourtant le seul geste d'écrire le verbe organiser suffit à rendre suspecte cette entreprise. On ne peut qu'admirer l'intelligente propagande du grand capital qui dénie le droit à la collectivité de faire ce qu'il fait lui-même depuis cent cinquante ans. Car le capitalisme organise la société mais pour en confisquer les profits. Il dirige l'État, contrôle l'économie, ramasse les bénéfices. Il n'a qu'un objectif: garder sous sa coupe les centaines de millions d'être humains qui ont du travail à vendre et des besoins à satisfaire. Le socialisme qui vent les délivrer est son seul ennemi. Dans cette guerre, pas de dentelles!* C'est M. Marcellin* qui, le 15 août 1972, s'écrie dans sa ville de Vannes: «Par la suppression de la liberté du commerce et de l'industrie serait créée une dictature économique qui ne peut s'imposer que par une dictature politique, quelles que soient les dénégations d'un des auteurs du programme commun.» [. . .]

«Vous vous étonnez et vous vous émouvez comme d'un scandale que l'homme ne puisse plus acheter l'homme.» Cette apostrophe de Jaurès à la droite, le 14 juin 1906, me dicte ma réponse.

1972, *RP*

10 'CE QU'EST LA GAUCHE POUR MOI'

(*i*) – *Qu'est-ce donc que la gauche?*

MITTERRAND: Je me méfie des définitions exhaustives. Ce qu'est la gauche pour moi, voilà la question qui m'importe, à laquelle je répondrai. Et, à rebours de la logique, je le ferai avant d'avoir argumenté. D'autres ont écrit que la gauche c'était la liberté, ou bien l'égalité, ou bien le progrès, ou le bonheur. Moi je dirai que c'est la justice. Je ne suis pas né à gauche, encore moins socialiste, on l'a vu. Il faudra beaucoup d'indulgence aux docteurs de la loi marxiste, dont ce n'est pas le péché mignon, pour me le pardonner. J'aggraverai mon cas en confessant que je n'ai montré par la suite aucune précocité. J'aurais pu devenir socialiste sous le choc des idées et des faits, à l'Université par exemple, ou pendant la guerre. Non. La grâce efficace a mis longtemps à faire son chemin jusqu'à moi. J'ai dû me contenter de la grâce suffisante que j'avais reçue comme chacun en partage. Je ne le suis pas non plus devenu par la vertu d'un métier qui m'aurait instillé des réflexes de classe: je n'ai jamais été producteur de plus-value pour le compte d'autrui. Je n'ai pas, enfin, adhéré à une formation politique qui m'aurait peu à peu formé à ses disciplines idéologiques. Au demeurant je ne prétends à rien. J'ai pris parti tout simplement pour la justice telle que je la ressentais, rétif devant son exigence, hésitant à m'engager pour elle, quelquefois tenté de lui tourner le dos. J'ai obéi, je le suppose à une inclination naturelle, ferme et fragile à la fois. Cette inclination a été affinée par un milieu familial qui, entre soi comme avec les autres, examinait toute chose avec un extrême scrupule et qui tenait les hiérarchies fondées sur le privilège de l'argent pour le pire désordre.* Que l'argent pût primer les valeurs qui leur servaient naturellement de référence: la patrie, la religion, la liberté, la dignité, révoltait les miens. C'était l'ennemi, le corrupteur, avec lequel on ne traite pas. Leur foi chrétienne renforçait cette disposition. Dieu ou Mammon. Un Roi sans divertissement. Mais elle la faisait aussi dévier.* La pensée qu'il pût exister des lois régissant l'évolution des sociétés hors d'une finalité spirituelle, des classes sociales conditionnées par leur fonction économique, une lutte historique entre ces classes pour la détention du pouvoir, heurtait comme si elle était impie. On éprouvait un rien de mépris pour une révolution attachée à des objectifs matériels. Il faut avoir entendu le mot matérialisme dans la bouche de ces honnêtes gens pour comprendre la distance qui les séparait d'une adhésion intellectuelle à des théories socialistes. Ils condamnaient l'oppresseur. Mais ils n'approuvaient pas l'opprimé qui se plaçait comme l'oppresseur sur le terrain des intérêts.

Ce que j'ai appris en captivité a raccourci pour moi la distance.* La vie des camps aurait pu m'ancrer dans certaines illusions. Les prisonniers de guerre constituaient une société homogène par le vêtement, la nourriture, le logement, l'emploi du temps, le mode de travail. La libération qui mobilisait leur espoir ne pouvait procéder que d'un acte individuel, l'évasion, ou d'un acte collectif qui ne dépendait pas d'eux mais des autres, en l'occurrence l'arrivée des alliés victorieux. Leurs besoins étaient liés à un état provisoire, à une situation déterminée qui n'avait aucune chance de se prolonger ou de se reproduire dans la société d'après-guerre. Des hommes de bonne foi ont été égarés, faute d'expérience ou d'analyse, par l'envoûtement de cette communauté de circonstance, sans classes, riche d'échanges et de rencontres et, de retour en France, ils ont accusé le socialisme d'avoir inventé la fatalité historique des antagonismes sociaux qu'ils avaient cru voir disparaître sous leurs yeux. J'ai dû d'échapper à cet idéalisme pernicieux aux lectures, aux conversations qui meublaient mes moments de détente ainsi qu'à l'exemple des camarades que j'ai retrouvés engagés dans le combat pour la résistance dans la France de 1942 et l'action révolutionnaire.

Non. Je n'ai pas rencontré le dieu du socialisme au détour du chemin. Je n'ai pas été réveillé la nuit par ce visiteur inconnu. Je ne me suis pas jeté à genoux et je n'ai pas pleuré de joie. Je ne suis pas allé dans l'une de ses églises. Je n'ai pas prié, debout, près du pilier où m'attendait sa grâce, de toute éternité. Je n'ai obtenu de lui ni rendez-vous, ni révélation, ni signe privilégié.* Si la preuve de l'existence d'un dieu tient à l'existence de ses prêtres, si cette preuve gagne en force et en évidence à mesure que s'accroît leur nombre, que s'aiguise leur intransigeance, que se multiplient leurs contradictions, le dieu du socialisme existe. Mais l'originalité de ceux qui le servent est précisément d'affirmer qu'il n'existe pas sinon sous l'apparence des faits et qu'alors il naît et meurt avec chacun d'eux, création continue, changeante, rigoureuse et créatrice d'elle-même. Le socialisme n'a pas de dieu mais il dispose de plusieurs vérités révélées et, dans chaque chapelle, de prêtres qui veillent, tranchent et punissent. Catéchumène parmi les catéchumènes entassés dans le narthex* j'ai lu les livres sacrés et entendu les prédicants. Fidèles à leur religion ils enseignent la puissance des faits. Mais sur quel ton! Rares sont ceux qui préfèrent le conseil au précepte et l'examen au dogme. Hélas! le socialisme produit plus de théologiens que de savants. Cela m'a d'abord rebuté. Mais il est des maîtres de la pensée et de l'action qui résistent aux complaisances de l'esprit et qui poursuivent leur quête des faits et des causes, leur approfondissement des mécanismes économiques et sociaux avec l'admirable scrupule de la science. C'est vers eux que je suis allé. Ils m'ont dit qu'il ne suffisait pas d'ouvrir les yeux pour voir. Le peintre et le sculpteur ont cassé les formes et décomposé le prisme des couleurs pour redécouvrir les objets. Acquérir un regard neuf oblige à renaître à soi-même. Il en est ainsi de toute chose, et de la réalité politique comme du reste. Mais ils m'ont dit aussi qu'il fallait ouvrir les yeux pour voir. J'ai essayé.

Je n'étais pas acquis pour autant aux impératifs d'une explication scientifique de l'histoire axée sur les rapports de production. J'ai pensé qu'il était possible d'obtenir de la société capitaliste qu'elle se réformât elle-même. J'ai été pris au piège des principes inscrits sur ses frontons, dans le préambule de ses constitutions, partout, aussi obsédants que le néon à Broadway. Ce que je n'attendais pas du cœur je l'espérais de l'intelligence. Alors, j'ai expliqué. Ce que j'ai pu, comme je l'ai pu, là où j'étais. J'ai assisté à des conférences, participé à des séminaires, à des colloques où l'esprit s'échauffait à rebâtir le monde. On recherchait les conciliations, les synthèses, on mariait l'eau et le feu, ils étaient très heureux et ils faisaient beaucoup d'enfants. On demandait en somme au capitalisme de comprendre que l'on comprenait mieux que lui ses propres intérêts. Il écoutait, goguenard. Bref, j'ai dialogué. Et la société en question a dialogué avec moi, comme elle a dialogué avec tous les autres qui lui parlaient aussi poliment. J'aurais pu plaider ses dossiers les plus riches d'honoraires (cela m'est arrivé), j'aurais pu passer dans la pièce d'à côté et entrer dans ses conseils d'administration.* Le capitalisme n'aime rien tant pour cette besogne que les hommes de gauche et les généraux en retraite. Mais à force de la regarder sans la voir j'ai fini par rencontrer une certaine vérité. Cela s'est fait par touches successives.

1969, *PV*

(*ii*)

Dans la vie de tout être humain la part est grande du malheur contre lequel nul ne peut rien. Mais faire reculer pour l'abolir un jour, l'exploitation de l'homme, source de solitude, de faim, de misère, de peur, d'ignorance, d'inconscience, reste à notre portée. Délivrer l'homme des servitudes que lui imposent d'autres hommes c'est exactement lui rendre justice. J'ai dit de la gauche qu'elle était pour moi, la justice. Je dirai que le socialisme est le parti de la justice. J'ai déjà relaté dans ce livre l'étrange passion qui m'habite, à laquelle j'ai fort imparfaitement conformé mes actes mais qui imprègne mon esprit et me rend juge de moi-même (et des autres) sans complaisance. Je n'y reviendrai pas. Sinon pour remarquer que l'existence politique d'un redresseur de torts soumis à ses impulsions plutôt qu'à des principes n'a de remarquable que son incohérence et finalement son inutilité. Il fallait en sortir. Quelques expériences personnelles ajoutées à la connaissance que j'ai acquise des affaires de notre pays se sont chargées de mon éducation.

Depuis vingt-cinq ans que j'observe notre société j'ai souvent cru que, sous la poussée des intérêts antagonistes, elle avait bougé. Or, je dois l'admettre aujourd'hui, rien n'a servi à rien. J'avais cru que cette irréductibilité était propre au système colonial, j'ai constaté qu'elle était une constante de la société capitaliste. Non que je nie les progrès de la civilisation mécanique, l'enrichissement relatif du plus grand nombre, l'abondance due à la science et à la technique, les aménagements qui font l'oppression immédiatement supportable. Mais la classe dominante, dirigeante, domine, dirige plus que jamais. Le sort des millions d'hommes et de femmes qui travaillent pour son compte et qui constituent de loin l'immense majorité, continue de dépendre du bon vouloir, des choix, des préférences, des interdits de quelques-uns. L'emploi et le salaire, le logement et le loyer, l'enseignement et les loisirs, l'impôt, l'hôpital, l'eau, l'électricité et jusqu'au volume d'oxygène que l'on respire à sa fenêtre sont octroyés selon les critères – et quels critères! – dont ils sont maîtres. En une génération la masse des biens produits s'est accrue dans des proportions colossales mais la répartition du profit national est encore moins équitable qu'il y a un quart de siècle. L'écart s'élargit entre les individus, entre les familles, entre les groupes sociaux, entre les régions. Ce ne sont pas les plans de relance qui ont manqué chaque fois que les gouvernements ont dû rallumer les circuits de la consommation. Ces plans auraient pu amorcer un mouvement vers une plus grande justice. Leur réussite en eût été mieux assurée: on ne mobilise pas l'économie sans mobiliser l'espérance des hommes qui lui donnent vie. Mais tout ce qui eût menacé aussi peu que ce fût l'équilibre dont la classe dominante tire ses privilèges a été refusé. Je ne ferai pas la description du malheur tel qu'il m'apparaît dans la sécheresse des statistiques et des chiffres. Le quart des ménages ne gagne pas l'argent d'un loyer pour H.L.M.* Le cinquième des logements de la région parisienne n'a pas l'eau courante. La tristesse des vieux. Le chômage des jeunes. La ségrégation culturelle. L'asservissement des femmes. Les villes mortes sous le fracas du bruit, dans les poisons de l'air. Les heures de liberté mangées dans le métro. Les paysans jetés à la rue. L'accélération des cadences du travail en usine. Mais les statistiques parlent mal. Une expression populaire le dit comme personne: il faut le voir pour le croire.

Tout cela devait naturellement m'amener à rencontrer, à comprendre, enfin à accepter la théorie socialiste. Puisque j'en avais la démonstration sous les yeux dans sa tragique réalité, puisqu'il n'y avait pas de recours politique, moral ou spirituel contre une oppression qui avait imposé les lois de sa morale et de sa culture et neutralisé les forces spirituelles, puisque sous l'apparence des changements de méthode demeurait la permanence des structures, je convins avec Jaurès* que «les conditions économiques, la forme de la production et de la propriété sont le fond même de l'histoire». J'ai approché Marx, trop peu pour en extraire autre chose que des approximations, assez pour passer du stade de l'ennui à celui de la plus vive excitation intellectuelle, et je me suis fié à ses interprètes dont les disputes et les excommunications mutuelles ont avivé mon plaisir. Que l'exploitation de l'homme par l'homme soit liée à des rapports sociaux déterminés dont le principal est «le mode de production de la vie matérielle», la vie de tous les jours et la leçon des faits m'ont rendu cette proposition évidente. Il va de soi que limiter le combat pour la justice à la destruction d'un certain mode de production exposerait à une vue bornée du champ de bataille. En particulier l'affrontement qui se déroule pour arracher à l'économie de profit la possession des biens culturels participe de la même stratégie. Bref, les rapports de production ne sont pas toute l'explication. Mais il n'y a pas d'explication du tout si l'on ne change pas d'abord ces rapports-là.

Encore serais-je mal à l'aise de vivre avec le socialisme s'il était cette momie que conservent dans leur vitrine les gardiens de la Foi. Le socialisme, c'est aussi et surtout l'élan, le mouvement collectif, la communion des hommes à la recherche de la justice. Quand ils l'auront conquise, croyez-moi, il leur restera beaucoup à faire!

1969, *PV*

11 THE DIVIDED STATE OF THE FRENCH LEFT, 1920-65

Quand j'ai été candidat à la présidence de la République* il y avait trente ans que la gauche, comme une famille désunie, ne se parlait plus. Et la brève réconciliation du Front populaire* avait elle-même été précédée par vingt-cinq ans d'une âpre lutte entre les deux fractions du socialisme, qui s'était scindé au congrès de Tours.* L'unité d'action clandestine contre l'occupant allemand n'avait pas franchement rétabli les ponts. Les socialistes reprochaient aux communistes le lâchage du gouvernement Léon Blum de 1936, leur intervention sous Vichy lors du procès de Riom et leur acquiescement au pacte germano-russe. La Libération avait réveillé les suspicions. Les socialistes s'étaient inquiétés de l'emprise des maquis F.T.P.,* maîtres de plusieurs provinces. La puissance du Parti communiste à l'heure où l'Armée Rouge était devenue la force militaire dominante en Europe avait laissé craindre qu'il ne cédât à la tentation d'un soulèvement populaire, prélude à un coup d'État. La cohabitation des socialistes et des communistes dans les gouvernements de Gaulle, Gouin, Bidault et Ramadier,* le vote de la quasi-totalité des députés S.F.I.O. pour Maurice Thorez,* candidat au pouvoir en 1946, n'avaient pas signifié un rapprochement véritable. Quant au programme du Conseil national de la Résistance, seul aspect positif d'une action commune imposée par les circonstances, il n'avait reçu qu'un modeste commencement d'exécution alors que les deux grands partis de la gauche disposaient pourtant d'une grande influence au Conseil des ministres. On peut dire que le départ des cinq ministres communistes du Cabinet Ramadier* ne fit qu'entériner une rupture déjà consommée. Avec les grèves de 1947 et 1948, inspirées par les communistes, et la répression policière conduite par Jules Moch* (les socialistes continuaient de participer à la direction des affaires publiques aux côtés des radicaux, du M.R.P. et des modérés), la lutte entre les partis de gauche prit une tournure violente. On échangea des coups au Palais-Bourbon. On s'accusa mutuellement de complot. [. . .] La guerre froide entre l'Est et l'Ouest donna à la querelle une dimension nouvelle. Les socialistes choisirent ce qu'on appela le camp de la liberté, votèrent l'Alliance atlantique et le pacte militaire de l'OTAN.* Les communistes approuvèrent le pacte militaire de Varsovie.* Les uns paraissaient plus soumis que jamais aux impératifs soviétiques. Les autres avaient dû rechercher aide et protection dans le saint des saints du capitalisme. Pour les socialistes, le Parti communiste avait trahi la France. Pour les communistes, les socialistes avaient trahi la classe ouvrière. La coupure du monde en deux blocs cristallisa dans les pays occidentaux la coupure en deux de la gauche. Les socialistes se rangèrent parmi les partisans résolus de l'Europe que les communistes dénoncèrent comme la tête de pont de l'impérialisme américain. Les guerres coloniales avivèrent les ressentiments. Le parti communiste lança une ardente campagne contre l'appel au contingent décidé dans le cadre de la politique algérienne. La sédition militaire d'Alger aurait pu, en mai 1958, rapprocher les frères ennemis.* Il n'en fut rien. Si quelques comités et un défilé dans Paris donnèrent l'impression d'un front commun, ce fut de pure façade. Les communistes votèrent contre l'investiture, les pleins pouvoirs et la Constitution du général de Gaulle. Les socialistes divisés sur l'investiture et les pleins pouvoirs* se retrouvèrent presque unanimes pour voter la Constitution. La campagne électorale de 1958 provoqua des hostilités qui recommencèrent de plus belle en 1962. La candidature de Gaston Defferre* n'arrangea rien. C'est dans ces conditions qu'au mois de septembre 1965,

j'entrepris de regrouper dans un même combat la gauche
déchirée.

1969, PV

12   THE CENTRAL STRATEGY: 'L'UNION
DE TOUTE LA GAUCHE'

(i)   – Il fallait donc guérir la gauche non communiste?

MITTERRAND: Rendre son équilibre à la gauche c'était, à
terme, rendre son équilibre à la démocratie. Il convenait
donc, dans un premier temps, de créer une formation
politique d'envergure, souple et moderne, et, dans un
deuxième temps, d'établir un solide contrat entre cette formation nouvelle et le parti communiste. Les deux opérations
étaient, dans mon esprit, complémentaires. Pour reprendre
aux communistes le terrain perdu, il fallait s'ancrer
résolument à gauche tandis qu'aller vers le centre revenait à
leur abandonner ce terrain et à leur laisser le monopole de
l'authenticité. J'emploie ce mot à dessein. Il contient toute
ma politique. Retrouver l'authenticité républicaine. Les
communistes s'étaient en bloc prononcés, et dès le premier
jour, contre le gaullisme. La gauche non communiste s'était
tristement dispersée. Qui des deux pouvait mieux que l'autre
se réclamer de la République? Retrouver l'authenticité
socialiste. Les communistes s'étaient situés hors du régime
et hors du système. La gauche non communiste avait
approuvé, participé, gouverné et quand, tardive surprise,
elle avait découvert que le gaullisme s'identifiait au pouvoir
personnel ç'avait été pour se mettre sous le patronage de M.
Pinay. Qui des deux mieux que l'autre pouvait se réclamer
du socialisme? Je ressentais cet état de choses comme on
souffre d'une injustice. Les communistes avaient la part plus
belle que de raison. Ils ne sont pas la République, ils ne sont
pas le socialisme. Ils y ont leur place, c'est tout. Mais à qui la
faute s'ils ont pris un moment toute la place? La «grande
Fédération» avait ses mérites, il lui manquait le principal:
elle ne répondait pas à la question posée par les masses
anxieuses de voir leurs représentants naturels arracher le

pouvoir politique au gaullisme protecteur des privilèges de l'argent et détruire du même coup le pouvoir économique des monopoles, maîtres des centres de décision. Et la seule réponse conforme à cet objectif était l'union de toute la· gauche.

1969, *PV*

(*ii*)

Le Parti communiste est notre allié naturel. [. . .] Je n'ai à lui reconnaître aucun privilège. Je n'ai pas à le préférer. Je constate simplement que l'union de la gauche passe par le Parti communiste. Mais l'union de la gauche, nécessaire au renversement de majorité et donc de politique, est loin d'être une condition suffisante. La démocratie socialiste, pour être capable d'exercer son *leadership* au sein de la nouvelle majorité, doit élargir son audience à sa gauche (par la rigueur de son programme économique) et à sa droite (par son libéralisme politique). D'où l'importance que j'attache à la formation d'un mouvement politique apte à équilibrer d'abord, à dominer ensuite le Parti communiste, et à détenir enfin par lui-même, en lui-même, une vocation majoritaire. Fédération ou nouveau Parti socialiste (le vrai et non pas sa contrefaçon), le vaste rassemblement que j'appelle de mes vœux, se place dans la même perspective. Tout le temps que j'ai présidé la Fédération,* j'ai tenté de donner à son action la plus large emprise possible.

[. . .] Contraint de tenir compte des réalités, j'ai été logique avec moi-même. Il n'est pas question pour moi de renoncer à l'union des forces populaires au bénéfice d'une coalition hétérogène avec le centre. Je crois à ce que je fais, je crois à l'avènement du socialisme, je crois à sa nécessité. Je suis prêt à entamer le dialogue avec ceux qui, à notre droite, par ouverture d'esprit et générosité de cœur acceptent de donner ses chances à la gauche plutôt que de voir la France s'enfoncer dans le régime du pouvoir personnel, qui est aussi le régime des banquiers en attendant le régime des colonels. Mais pas au prix de mes convictions.

1969, *PV*

13 LES ÉVÉNEMENTS DE MAI 1968

Je diviserai les événements de mai* en deux périodes. La première a duré quinze jours. Ce qu'elle a révélé, ce qu'elle a signifié, autorise à écrire que depuis la dernière guerre mondiale il n'y a pas eu lame de fond* plus importante dans notre pays. Cette lame de fond, on ne peut dénier à Cohn-Bendit* et à ses camarades le privilège de l'avoir tenue dans leur verre et de l'avoir répandue au point de noyer bon nombre d'idées reçues. Ergoter sous le prétexte qu'ils avaient mal lu Marcuse* puisqu'ils y avaient trouvé ce qui n'y était pas ou que ne l'ayant pas lu ils avaient tort d'en parler, n'avance à rien. En fait, Marcuse ou pas, la masse des étudiants s'est reconnue dans la contestation de mai. Les mots sont sans doute impropres qui ont appelè société de consommation la somme des refus de la jeunesse. Il existe des milliards d'être humains qui ont faim et pour qui la requête essentielle est de manger et donc de consommer. Leur vie, leur bonheur, leur liberté sont contenus dans une poignée de blé ou de riz. Il en existe aussi qui n'ont pas faim de pain, mais qui ne possèdent ni toit, ni école, ni travail, ni sécurité. La société qui leur donnera à consommer ce qui leur manque sera pour eux objet d'espérance et non de répulsion. Je ne joindrai pas ma voix, cependant, à ceux qui partant de cette vérité d'évidence, concluent que mai fut une façon pour cette rêveuse bourgeoisie, dont parlait Drieu la Rochelle* il y a trente-deux ans, de se désennuyer en s'offrant le luxe d'une révolution. Ce serait injuste et faux. La société de consommation en procès n'est pas celle qui cherche à procurer des biens désirés par les hommes mais celle qui fabrique un modèle d'homme conforme à ses produits. Ainsi se réalise le phénomène observé par Marx. En régime capitaliste, «la production crée non seulement un objet pour le sujet, mais encore un sujet pour l'objet».

Colossale puissance des maîtres de cette société qui façonnent à la fois les désirs, les besoins, les rêves et leur assouvissement, qui forgent à la fois l'esclave, ses chaînes et l'amour de l'esclave pour ses chaînes. Il appartenait aux étudiants et de façon générale aux intellectuels d'en prendre conscience et d'engager le combat par la contestation. Car plus subtile encore est l'aliénation de l'esprit, traité à haute dose dès l'enfance par les formes conditionnées de la culture qui le sollicitent et l'imprègnent. Il n'y a pas deux manières de vendre des savonnettes et des concepts quand c'est le même robot qui achète. L'homme, la génération d'hommes qui dans un éclair de lucidité discernent la nature du danger savent que s'ils acceptent de s'insérer dans le système celui-ci les broiera. Leur réflexe est sain qui les pousse à récuser toute solidarité avec un style de vie qu'ils veulent changer. Je comprends cette rigueur. Je comprends moins les erreurs de jugement qui ont conduit le mouvement de mai à s'aventurer dans une stratégie d'auto-destruction.

J'avais été frappé, à cet égard, par l'aspect, reconstitution historique de l'énorme manifestation du 13. En tête du cortège Cohn-Bendit, Sauvageot, Geismar, garçons de moins de trente ans, mimaient leurs anciens du Front populaire à ceci près que ces derniers savaient l'*Internationale* au-delà du premier couplet. Il est assez comique (ou triste selon l'idée qu'on s'en fait) que pour tant de jeunes, affirmer sa personnalité, se libérer de la société des adultes, consiste tout bonnement à les imiter le plus tôt possible. A la télévision, un ton simple et vif avait permis à ces trois jeunes leaders de croquer les journalistes chargés de les dévorer. Mais quand ils ont voulu, par la suite, exprimer les raisons de leur contestation, quel méli-mélo similimarxiste, quel salmigondis, quel cafouillage!* [. . .] Mais que d'étudiants qui avaient occupé la Sorbonne et l'Odéon, et qui avaient épousé le mouvement jusqu'à sa logique de rupture, ont été abasourdis de se réveiller trotzkystes et communistes révolutionnaires ou parangons de l'anarchie! Ils avaient aimé l'espérance qui les avait visités. Ils avaient enfin pu parler à d'autres, aux autres. Ils s'étaient abolis dans une communauté dont la moindre ambition était de tout refaire, à commencer par l'homme. Ils avaient senti que vivre c'était autre chose que les gestes, les fatigues, les renoncements de leurs aînés, autre chose que leur agitation d'écureuil dans la cage. Ils avaient marché, à fond. La légèreté, l'irresponsabilité des meneurs a cassé leur élan. Cette irresponsabilité, je l'aperçois dans la plupart des actions entreprises. L'ivresse de l'action directe, par exemple. Que de fois me suis-je entendu reprocher la forme de mon combat politique! En quinze jours, me répétait-on, les contestataires avaient plus fait pour abattre le régime que moi-même en dix ans. On m'a crié: «Opportuniste!»* J'avais beau m'interroger sur les raisons de mes contradicteurs, je ne parvenais pas à saisir en quoi le fait d'avoir toujours refusé le gaullisme et son confort, d'avoir subi les vexations policières, les écoutes téléphoniques, les mascarades judiciaires, d'avoir été la cible des calomnies et de la haine, caractérisait mon opportunisme. Sans doute n'avais-je employé ni la mitraillette ni le bazooka. Et n'avais-je pas dressé de barricade rue Transnonain. J'avoue que, si j'en avais eu la tentation, la vue de Sauvageot haranguant les quinze mille étudiants qui l'avaient suivi au Champ-de-Mars et leur désignant superbement son pont d'Arcole ou plutôt du Trocadéro*, route stratégique de la contestation en direction de l'Elysée m'en aurait guéri! Ce fut un bel air d'opéra. Mais comme les voitures blindées de la garde mobile bloquaient les passages pour la rive droite l'orateur rentra tranquillement chez lui. Avait-il un sabre de bois? Aurait-il su s'en servir? Action directe encore la mise à sac annoncée des bureaux de vote pour le jour des élections-trahison. Le 23 juin,* qu'il faisait beau! Les bureaux de vote du Quartier latin n'ont jamais été lieux de promenades plus paisibles. Nos héros étaient en vacances. Autre exemple, maussade celui-là, le ratage de la liaison étudiants-ouvriers. Rarement circonstance avait été aussi favorable à la conjonction du prolétariat et des intellectuels. A l'origine la révolte étudiante, sa bonne santé, son enthousiasme avaient rompu les amarres de la classe ouvrière. Chez Renault, chez Peugeot, au Creusot, la grève avait commencé d'elle-même, hors des consignes syndicales.* Il fallut à celles-ci rattraper le mouvement. Et ce ne fut pas si facile, Séguy* s'en souvient sûrement, à en juger par l'accueil qu'il reçut au petit matin des premiers accords de Grenelle.* Mais une accumulation de sottises renversa la tendance. Dépasser les revendications matérielles, dites quantitatives, augmentation des salaires ou abolition des ordonnances sur la sécurité sociale, pour atteindre des objectifs qualitatifs, fort bien. Mais expliquer aux salariés dont le quart ne gagnait pas 550 francs par mois et la moitié moins de 700 qu'ils trahissaient la révolution en s'attardant à ces billevesées quantitatives était tellement stupide que je préfère ne pas insister. Les usines ont fermé leurs portes aux missionnaires pleins de foi que les dirigeants gauchistes avaient lancés au hasard d'une impulsion qui laissa derrière elle plus d'amertume que d'amitié. Échec aussi la manière dont ils ont voulu régler tous leurs comptes à la fois. Avec de Gaulle, avec le capitalisme, avec le Parti communiste, avec la social-démocratie, avec la C.G.T., avec l'Université. Du haut de la tribune de Charléty,* ils ont déclaré la guerre à tout ce petit monde. Comment ont-ils imaginé qu'ils renverseraient l'ordre établi, qu'ils élimineraient la police et l'armée, qu'ils conquerraient la province sans le concours des forces populaires, encadrées, quoi qu'ils en eussent, par les partis de gauche et par les grandes centrales syndicales? J'admets que Charléty ait grisé des minoritaires confinés jusqu'ici dans l'ésotérisme et dans la fumée des arrière-salles de café. Belle revanche sur la superbe des partis classiques! Mais, objectivement, Charléty a gâché les chances d'un succès immédiat de la gauche en avivant les suspicions et les rancœurs. Ce n'était pas le moment. La fausse appréciation des moyens découle souvent de la faiblesse de l'analyse théorique. Passer de l'émeute à la révolution et de la révolution au pouvoir suppose une connaissance exacte des forces en présence. Une idée révolutionnaire ne débouche pas nécessairement sur une situation révolutionnaire. Jouer à 1848 un demi-siècle après Lénine n'était pas une preuve sublime de maturité. Je pourrais ajouter un dernier exemple de cette irresponsabilité, l'imprudence avec laquelle nos anarchistes ont succombé à la provocation. Mais on a tout dit là-dessus. Au demeurant, je ne désire pas les accabler. Ils ont incarné un mouvement que nous avons méconnu.* S'ils ont cédé au délire verbal et finalement détruit de leurs mains leur propre construction, leur échec n'est pas l'échec d'une jeunesse qui, elle, n'oubliera pas de sitôt son printemps ni ses jours de ferveur. Avec des souvenirs comme celui-là, une génération a de quoi infléchir le cours de l'Histoire.

1969, *PV*

14 GISCARD AND MITTERRAND, IN 1974

Pour Giscard,* qui s'applique à brouiller son image d'homme-chiffre, d'ordinateur-comptable, se tromper de genre consiste à vouloir démontrer mordicus* que «lui aussi a un cœur». Qu'il en ait un je n'en doute pas, mais ce n'est pas ce qu'on lui demande, ce qu'on attend de lui. Les Français de son bord ne sont pas en quête d'un roi qui soit individu. Au contraire. Ils ont besoin d'un prototype, ou mieux d'un archétype. Les diplômes de Giscard, son label grandes écoles, sa famille, sa distinction, son intelligence, son long séjour aux affaires – ce côté conte de fées dont s'émerveillent «Jours de France», et «Le Parisien libéré»* – le désignent comme garant, protecteur, conservateur au sens précis du mot d'une société qui, affaiblie, tend sa volonté pour survivre et découvre avec ravissement l'homme capable de l'incarner. Il symbolise la réussite, telle qu'on l'imagine dans ce milieu. Mais plus serait trop. «Le cœur» par exemple. On veut bien qu'il soit supérieur, on l'apprécierait moins différent. En ce début de l'ère audio-visuelle où tout se réduit au schéma, l'individu étonne, détonne, à la limite inquiète, de même qu'est réputé mauvais l'acteur du théâtre chinois classique dont le ton et le masque donnent une interprétation personnelle d'un rite convenu. [. . .]

Visiblement, le monologue, si difficile sur le plan technique, mais derrière lequel il s'abrite, lui sied mieux que le débat qui débusque ses fragilités. Vendredi* par exemple, sa colère n'était pas feinte qui lui durcissait l'œil tout en l'arrondissant, à la manière d'un coq de combat. Je le devinais irrité, humilié par mes remarques sur les erreurs de sa gestion. On ne fait pas impunément profession d'infaillibilité: il souffrait. Je ne hais pas assez mes rivaux pour tirer derechef après le premier sang. Cette disposition m'a ôté le mordant qui m'eût été utile en cet instant du duel. D'airain, sans faille, il m'eût davantage excité à frapper. Sa faiblesse m'était si évidente qu'elle devint force dans ce rapport subtil qui s'établit entre adversaires au moment du va-tout. Du coup je remisai mes arguments, restai comme à distance et ne sentis pas la rudesse de la contre-attaque lorsqu'il récita la tirade fort bien venue et fort bien préparée sur «l'homme du passé»* que j'étais, selon lui. J'écoutais, je regardais du fond d'un détachement intérieur dont j'ai mesuré par la suite l'imprudence, garde qu'on baisse à contre-temps.

La virtuosité qu'il affiche dans l'emploi des chiffres n'a pas seulement pour objet d'affirmer sa compétence, elle veut aussi intimider. L'essentiel, à ses yeux, n'est pas d'avoir raison, mais qu'on le croie. Il a, dans ce domaine, une sorte de génie. Au cours de notre discussion, comme je citais le prix du loyer et des charges locatives d'une H.L.M.* de la région parisienne, en remarquant que le total représentait les 2/3 du SMIC,* il regarda, étonné, fit de la tête un signe de dénégation, prit une fiche sur la table, la tourna, la retourna, l'air navré de mon ignorance . . . et changea de sujet. Devant tant d'assurance j'aurais pu douter de moi-même si je n'avais remarqué que la fiche était vide de toute inscription.

Beaucoup ont critiqué la lenteur, l'hésitation – dont on

veut bien dire qu'elles sont inhabituelles – de ma riposte. Je ne veux pas ici m'en défendre. Mais si je cherche un mot pour exprimer mon état d'âme, j'écrirai que j'étais tranquille – et qu'à l'heure où je trace ces lignes moins de deux jours après le choc, encore sous l'avalanche des commentaires et des sondages, je suis, je reste tranquille.* Peut-être, à mon tour, me suis-je trompé de genre. On me voulait boxeur sur le ring et j'esquivais le corps à corps! Crainte des coups? Allons donc! l'adversaire était de taille, mais qui doutera qu'à ce jeu j'aurais manqué des armes et du métier requis? Je pense, voilà tout, que j'étais là pour autre chose. J'ai trop participé aux combats de la politique pour n'avoir pas gardé comme un goût d'amertume des victoires gagnées en bretteur.* Bien que les articles qui nous sont consacrés se réfèrent toujours au langage sportif je n'ai pas le sentiment de prendre part à une compétition. J'admire les dons de Giscard, la qualité de son discours, la vigueur de son ambition. Mais j'apprécie ce qu'il vaut comme si je n'étais pas en cause.

La présidence pour lui est un point d'arrivée, pour moi un point de départ. Ce que j'accomplis maintenant engage, immensément, plus que moi-même. Élu, Giscard sera capable de grandes actions. Élu, je changerai le cours des choses et donc la vie des hommes de mon temps. Cela dit, le socialisme n'est pas à la merci d'une élection.

12 May 1974, *PG*

15 GISCARD AND PRESIDENTIAL POWER

(*i*)

– MITTERRAND: L'actuel président* concentre dans ses mains les trois pouvoirs traditionnels, exécutif, législatif et judiciaire, et le pouvoir moderne de l'information, il gomme les institutions, tire sur toutes les cordes, extrait des textes tout leur jus, crée un régime de fait qui n'a d'équivalent nulle part, un régime non-dit où la démocratie formelle couvre une marchandise importée du bric à brac des dictateurs sans qu'on puisse de bonne foi l'appeler dictature, système ambigu, douceâtre d'apparence, en vérité implacable, auquel il ne reste qu'à doubler la mise,* ou plus exactement le septennat, pour qu'il prenne un tour définitif, monarchie populaire et si peu populaire. Faute d'être parlementaire l'apparence voudrait qu'on rangeât la république de Valéry Giscard d'Estaing dans l'honorable catégorie des régimes présidentiels. Mais là encore, que d'approximations! Le président des États-Unis d'Amérique possède infiniment moins de pouvoirs que le nôtre. Sous le contrôle permanent et sévère du Sénat, de la Cour suprême, de la presse, il ne peut ni se passer d'un vote, ni nommer librement un ambassadeur. Depuis le Watergate on le plaindrait presque de son abaissement. Le président du Mexique n'est pas rééligible. Le nôtre l'est. Celui du Venezuela, pas avant dix ans. Le nôtre tout de suite et indéfiniment. Les présidents d'Espagne, de Grande-Bretagne, du Maroc, d'Arabie sont rois (ou reines). Bourguiba* est élu à vie. Pinochet* y pense. Le nôtre sans doute aussi, mais en France ce sont des choses qu'on n'avoue pas. Dans les pays communistes les inamovibles Brejnev, Ceaucescu, Pham Von Dang, Castro, Kim Il Sung, les inusables Husak, Jivkov, Kadar ou Honecker* ne sont pas tout à fait présidents mais seraient tout à fait dictateurs s'ils n'avaient pas à supporter l'appareil d'un parti. Le nôtre n'en a pas. Si je cherche une équivalence du côté de l'Afrique ou de l'Amérique latine je suis embarrassé par l'obligation de prudence. Entre le sage Houphouet* et le fou Bokassa* ce ne sont pas les textes qui font la différence. Évoquer l'Argentine offenserait. Le Brésil aime les généraux et notre président n'est que sous-lieutenant.

– Ne pensez-vous pas que cette âpre critique de M. Valéry Giscard d'Estaing paraîtra excessive? Vous-même, pour la faire accepter, y mêlez un certain sourire . . .

– MITTERRAND: Je ne m'inquiéterais pas de l'aspect singulier qu'a pris la République française si ne s'accumulaient les signes annonciateurs d'orages prochains. Je ne prête pas à Valéry Giscard d'Estaing de noirs desseins. Il se trouve bien comme il est, il trouve la France bien comme elle est. Tant mieux pour lui. Tant pis pour elle. Mais la léthargie n'est plus ce qu'elle était. On regrettera bientôt d'avoir perdu l'esprit des lois.

– De votre comparaison caustique entre le système français et les autres sur les pouvoirs du président, dois-je conclure que vous souhaitez, à votre tour, changer la constitution?

– MITTERRAND: Ni le Programme commun de la Gauche,* ni le projet socialiste* ne prévoient la refonte catégorique des institutions. Mais ils proposent de les changer sur quelques points sensibles. Ne désirant pas discuter ici d'un projet détaillé de constitution, j'épargnerai à nos lecteurs de longs développements et me bornerai à l'examen du rôle du président. Je commencerai en disant que sept ans, c'est trop. Du moins dans le contexte actuel. Quand le chef de l'État sous la IIIe et la IVe arbitrait entre l'exécutif et le législatif, une telle durée collait à la fonction. Maintenant qu'il est à la fois chef de l'exécutif et chef de la majorité, à la tête d'un camp contre un autre et qu'il absorbe la totalité des pouvoirs, sept ans de présidence interdisent un fonctionnement normal de la démocratie. Sans doute un président élu par la gauche renoncerait-il de lui-même aux usages que nous dénonçons. Mais changer l'homme ne suffit pas. Vous savez que j'ai souhaité la réduction du mandat présidentiel de sept à cinq ans, mesure qui figurait dans mes options de 1965* et qu'ont repris les différents programmes auxquels j'ai, par la suite, souscrit. Je me demande maintenant si l'on ne devrait pas plutôt décider la non-rééligibilité au terme des sept ans ou une seule rééligibilité possible au terme des cinq ans.

Si je choque quelqu'un par cette proposition ce ne sera pas M. Giscard d'Estaing qui déclarait à Europe 1, le 19 mai 1974: «On peut se poser la question de savoir si ce doit être six ans ou cinq ans. Sept ans c'est trop long et je souhaite que le Parlement reprenne l'examen du projet de loi qui avait été déposé par le gouvernement à l'initiative du président de la République.» Le président de la République dont parlait

Giscard, c'était Pompidou, et le projet de loi dont il souhaitait le vote c'était celui qui réduisait le mandat présidentiel à cinq ans. Il existe à la lecture de ce texte un point sur lequel l'unanimité nous rassemble, lui, les autres et moi: si sept ans c'est trop long, quatorze, ça l'est encore plus! Hypothèse d'école: si M. Giscard d'Estaing était réélu et s'il terminait ce second mandat il disposerait d'une durée de pouvoir supérieure à celle de tous les dirigeants occidentaux, exception faite de M. Kekkonen en Finlande, durée que n'atteignent en Europe que les archontes communistes.*
[. . .]

– Vous avez dit que tout pouvoir était passé dans le domaine du président de la République. Les Français en tout cas ne semblent pas s'en formaliser.

– MITTERRAND: Que les Français s'en accommodent, assurément. Dès que les apparences sont sauves l'esprit public s'habitue au pouvoir personnel et Valéry Giscard d'Estaing qui a du savoir-faire, est assez intelligent et fin pour éviter que cette mainmise ne prenne un aspect grossier ou choquant.

– Je souhaite que vous vous expliquiez davantage, sans que nous nous perdions dans le labyrinthe institutionnel . . .

– MITTERRAND: Un gouvernement fort de la confiance du Parlement peut-il imposer sa volonté au président dans le domaine de l'exécutif? Non. Le Parlement peut-il imposer sa volonté au président dans le domaine législatif? Non. Le président peut-il imposer sa volonté au pouvoir judiciaire? Oui. Le président peut-il imposer sa volonté à la presse audio-visuelle qui couvre l'essentiel du pouvoir de l'information? Oui.

– Par exemple?

– MITTERRAND: Commençons par les relations du président et du gouvernement. Je rappelle pour mémoire la rédaction de l'article 20 de la constitution déjà cité: «Le gouvernement détermine et conduit la politique de la Nation. Il dispose de l'administration et de la force armée. Il est responsable devant le Parlement.» Et de l'article 21: «Le Premier ministre dirige l'action du gouvernement. Il est responsable de la Défense nationale. Il assure l'exécution des lois . . .» Voilà pour les principes. Dans la réalité les choix de l'Exécutif s'élaborent, se déterminent à l'Élysée. Le Premier ministre est un commis de haut rang mais il n'est qu'un commis, un fonctionnaire du président qui le nomme et le révoque comme il veut, quand il veut. On a vu Michel Debré* prié par de Gaulle de se retirer, en avril 1962, sans avoir été mis en minorité par l'Assemblée, et Jacques Chaban-Delmas,* en juillet 1972, renvoyé par Georges Pompidou alors qu'il venait d'obtenir de l'Assemblée un vote massif de confiance. L'actuel chef de l'État va plus loin et, aux lieu et place du gouvernement, s'occupe lui-même de l'intendance. Il désigne les titulaires de missions d'étude et de réflexion sur les sujets les plus variés: tourisme, révolution bioindustrielle, circulation, prostitution, protection des animaux, propreté. Il assigne au Premier ministre des tâches ponctuelles*: rénovation du ministère de l'Économie et des Finances, préparation du plan Sud-Ouest, et sans plus se soucier de sa personne et de son rôle, passe par-dessus sa tête pour s'adresser directement à tel ou tel ministre et le charger d'une tâche particulière: le ministre de la Culture pour la rénovation du Grand-Palais ou la construction aux Halles d'un Palais de la Musique, le ministre des Transports pour que la lumière soit faite sur le naufrage du pétrolier Betelgeuse. Mais l'intervention la plus spectaculaire consiste pour Valéry Giscard d'Estaing à définir les objectifs et le calendrier du gouvernement par des lettres publiques à son Premier ministre.* Je me demande si le téléphone ne serait pas plus rapide et une bonne conversation plus utile que la correspondance à sens unique envoyée par le chef de l'État à son Premier ministre, surtout quand on en connaît le contenu.

1980, *IM*

(*ii*)

– MITTERRAND: Qu'appelez-vous pouvoir? Un logement dans un palais? Le grand cordon de la Légion d'honneur? Le droit de grâce régalien? La curiosité des foules? La maîtrise des décrets? Les hommes qui se courbent? Les hommes qui se couchent? La télévision à la botte? La chasse au lièvre, au tigre, au pauvre? La fierté familiale?* La visite des ambassadeurs? Le doigt sur le bouton de la guerre atomique? Le cercle étroit des grands du monde? Deux millions de chômeurs? 15% d'inflation? Du nucléaire partout? Un budget crevé? Une France triste? Les jeunes sous un ciel vide, les pieds dans une poubelle? Un président qui règne, qui gouverne, qui juge, qui légifère, qui commente lui-même les nouvelles qu'il inspire, monarque souverain d'un pouvoir absolu? J'ai prononcé le mot qu'il fallait taire, l'absolu. Chacun le place où il peut, le cherche comme il peut. Valéry Giscard d'Estaing a trop de pouvoirs pour l'exercice d'un pouvoir qui ne débouche sur rien sinon sur l'injustice. Le socialisme m'apporte davantage.

1980, *IM*

16 GISCARD AND THE MEDIA

– Vous attribuez aussi à Valéry Giscard d'Estaing un pouvoir discrétionnaire sur les moyens audio-visuels.

– Il m'arrive de penser que le président de la République dîne et couche à la télévision: on l'y retrouve presque chaque soir. L'excès pourrait lasser. Mais comme c'est bien fait, que c'est du travail de bon technicien, peu à peu, ce pouvoir informatif, ou déformatif, dont il s'est rendu maître, devient son principal instrument de gouvernement.

– Vous dites: du travail de bon technicien. Cela signifie-t-il que Giscard est bon à la télévision ou bien qu'il dispose d'une bonne organisation pour conditionner l'opinion publique?

– MITTERRAND: Les deux à la fois.

– En quoi est-il bon selon vous?

– MITTERRAND: Par la connaissance précise de ses moyens et la maîtrise de son langage. Il sait qu'il a le souffle court, mais sa phrase en épouse exactement le rythme. Un sujet, un verbe, un complément direct. Un point, pas de virgule, ni de point et virgule: on entrerait dans l'inconnu. Pas de lien nécessaire non plus entre deux phrases. Chacune se suffit à elle-même, aussi lisse et pleine qu'un œuf. Un œuf, deux œufs, trois œufs, une ponte en série, régulière comme un métronome. La belle mécanique! J'ai connu un mélomane* qui prêtait à son mêtronome plus de génie qu'à Beethoven. Naturellement le spectacle ravit. Par-dessus le marché, c'est très pédagogique. Tout le monde comprend qu'un œuf est un œuf. Allez donc, après ça, expliquer le contraire! Je veux dire par là que Giscard possède, à un rare degré, l'art d'énoncer les évidences. L'évidence ne se démontre pas. Vous pensez, comme la plupart de nos contemporains, qu'il n'est pas de plus éblouissant démonstrateur que lui. Quel bon téléspectateur vous faites! C'est parce qu'il y a beaucoup de bons téléspectateurs comme vous que Giscard est si bon à la télévision. Je reconnais qu'il explique admirablement comment les choses se passent sans lui. Les prix ont monté en mai? Parbleu, c'est le bœuf. En juin, c'est le melon. En juillet, c'est le gaz, l'électricité, les chemins de fer et les loyers. Comment voulez-vous que les prix ne montent pas? Lumineux. On s'émerveille d'accéder aussi aisément aux mystères de l'économie, de pénétrer à la suite de ce guide savant dans les arcanes de la haute finance. Hé oui, c'est le bœuf! Odieux melon! Traître loyer! Vive Giscard!

– Vous caricaturez.

– MITTERRAND: Bien entendu, je plaisantais. Enfin, pas tout à fait. Mais rendons les armes: il faut une belle intelligence et un verbe aiguisé pour convaincre les autres à ce point que gouverner consiste à n'être responsable de rien.

– Il vaut mieux que cela. Son style, exactement adapté à la technique audiovisuelle, est le plus moderne qui soit.

– MITTERRAND: Il y a beau temps que j'en suis convaincu. J'admirais déjà ses dons d'exposition lorsqu'il intervenait à la tribune de l'Assemblée nationale. Je me souviens d'avoir écrit après l'une de ses présentations annuelles du budget,

que je n'avais pas entendu meilleur orateur parlementaire de
ce type depuis Pierre Cot.* La clarté du discours, la fluidité
du débit entrecoupé de pauses qui donnaient à ses auditeurs
l'impression d'être admis à penser, comme le ralenti des
images sportives à la télévision, vous projette du fauteuil où
vous caliez vos reins dans l'héroïque intimité de l'effort
musculaire, le port même de la tête, tout préparait Giscard
à s'installer sur nos petits écrans. Sans doute a-t-il ajouté à
ses qualités naturelles beaucoup de travail. Finis les ama-
teurs! Mais il a reçu sa récompense. Avec lui, on entend la
télévision respirer. Le triomphe des poumons d'acier!

– Il humanise la machine.

– MITTERRAND: Ou il la magnifie.

– Le résultat est là, on l'écoute, on le suit. Vous l'avez dit
vous-même, il assure par là son pouvoir.

– MITTERRAND: Je m'interroge pourtant. Vous parliez
d'un style moderne. Je le crois dépassé. On a moqué la
rhétorique des gammes littéraires et des élans du cœur.* A
juste titre, le plus souvent. Les apprêts du langage blessent
l'oreille comme le fard la vue. Mais à rhétorique, rhétorique
et demie. Celle du technocrate s'use déjà. Hier elle était
pré-cieuse. Elle devient ridicule. Qui disait récemment: «J'ai
mal à la balance des comptes»? On a envie de se tâter. Mal à
la tête? Mal au cœur? Mal aux reins? Mal au ventre? On sait
où c'est. Mais la balance des comptes? Entre la sixième et la
septième côte? Une glande inconnue? L'un des osselets du
coccyx? Giscard n'en est pas là. Il a du sens commun et,
technicien de l'à-peu-près, connaît et sent la politique
comme pas un. Mais sa génération s'efface en même temps
que l'économisme. Margot,* qui a séché ses yeux, commence à s'ennuyer.

– Vous allez un peu vite. Il a de la ressource. Rappelez-
vous ce mot fameux qui s'adressait à vous: «Vous n'avez pas le
monopole du cœur».*

– MITTERRAND: Et je n'y prétend pas! Mes réflexions, au
demeurant, visent l'homme public et je me garde de juger
l'homme privé que je ne connais pas. Mais nous parlions

technique, il me semble. Elle a pris chez lui tant de place, qu'il ne sait pas lui-même où loger l'imprévu. Le moment difficile d'une vie, la sienne, la vôtre, la mienne, de toute vie qui se veut ambitieuse, est celui où s'inscrit le signe sur le mur qui vous apprend que l'on commence à s'imiter soi-même.

1980, *IM*

17   THE NEED FOR DECENTRALIZATION

(*i*)

Un citoyen n'est libre que responsable. D'où l'importance de la réforme régionale qui arrachera à l'État et à l'administration centrale le pouvoir quasi absolu dont ils jouissent. Parfois, l'État donne le change.* Il délègue à ses représentants locaux une partie de ses attributions et décrète que la décentralisation est faite. Les juristes savent que c'est une supercherie.* Vingt et un super-préfets, vingt et un petits Napoléons au lieu du seul ministre de l'Intérieur, cela n'arrange rien. Mais la population peut se croire mieux écoutée. En réalité, il n'y a décentralisation que lorsque les collectivités locales sont gérées par leurs élus (conseillers généraux, maires, conseillers municipaux), lorsque face à l'administration existe un pouvoir local de décision ou de contrôle. En proposant de créer la région et d'accorder une véritable autonomie au département et à la commune, la gauche répond à ce besoin.*

On me dit jacobin, donc partisan des structures étatiques et adversaire du pouvoir régional. Double erreur. D'abord parce que c'est Napoléon Bonaparte et non les Jacobins qui a modelé les structures étouffantes de la France actuelle. Ensuite parce que je souhaite une décentralisation poussée au maximum afin que les décisions interviennent à tous les niveaux où des hommes vivent et travaillent. Ce n'est pas par paradoxe que je combats la loi sur les fusions de communes.* On connaît l'argument qui a prévalu dans l'esprit de ses inspirateurs: 38 000 communes pour un pays de 50 millions d'habitants, c'est trop de dispersion et d'inefficacité. Sur le plan des grands investissements et de l'exécution technique on peut l'admettre, mais je préfère alors le syndicalisme intercommunal* à la fusion. 38 000 communes, cela signifie un réseau de 500 000 conseillers municipaux (sans parler de ceux qui voudraient l'être) élus au suffrage universel et exerçant des fonctions bénévoles au service de leurs concitoyens. Pourquoi les supprimer quand il faudrait au contraire développer et animer les cellules vivantes que forment un hameau, un quartier, une rue, un bloc de H.L.M., un centre sportif, et accroître la responsabilité de groupes actifs tels que les usagers des transports en commun, les habitants des grands ensembles, les syndicats, les associations de commerçants, les adhérents des maisons de jeunes, etc? Maire de Château-Chinon (Nièvre), je constate que les préoccupations de la population, très diversifiée, de ma petite commune, sont d'autant mieux traitées que se multiplient les relais entre les habitants et le conseil municipal. Rares sont les communes qui ont perdu leur personnalité au point de vouloir, de devoir disparaître.

Sans doute ces considérations s'appliquent-elles davantage aux collectivités rurales qu'aux collectivités urbaines. Mais qu'il s'agisse des unes ou des autres, l'indispensable autonomie commencera par la suppression du contrôle administratif *a priori** et par une nouvelle répartition des ressources entre l'État et les communes.

Le même raisonnement vaut pour le département. Je n'ai pas saisi ce que demande en ce domaine le programme des Réformateurs.* Il semble que le pouvoir régional qu'il préconise aboutisse à l'élimination du département. Or, je pense que si trop de moyens s'y concentrent, la capitale régionale se révélera rapidement aussi tyrannique que Paris. En province, une collectivité d'au moins 200 à 250 000 habitants est une entité assez complexe, étalée sur des distances assez vastes pour justifier l'existence d'une structure autonome (le département) coiffée par une assemblée (le conseil général) et disposant de son propre exécutif. Le président du Conseil général ne peut actuellement nommer sa secrétaire! Aucune raison de ne pas le charger, ainsi que le bureau qui l'entoure, des pouvoirs départementaux que détient le préfet, personnage périmé, sorte de survivance de l'ére coloniale.

Le maître mot de la démocratie politique est décentralisation, c'est-à-dire le pouvoir aux citoyens, et non régionalisation. Mais la région n'en est pas moins nécessaire dans tous les cas pour priver l'État de son pouvoir paralysant, et dans certains cas pour des raisons géographiques et historiques qu'il serait vain de nier (l'assassinat de la langue bretonne m'indigne. Reconnaître cette langue comme un fait culturel conduit à l'accepter en tant que fait politique: cela vaut mieux qu'étouffer l'âme d'un peuple). Un socialiste souhaite d'autant plus cette réforme qu'il voit dans l'État l'outil et l'agent de la classe dirigeante. Un démocrate, socialiste ou non, ne peut que désirer casser la mécanique bureaucratique et promouvoir des assemblées régionales, élues au suffrage universel direct et au scrutin proportionnel, et dotées de l'exécutif qu'elles choisiront en leur sein. Auprès de ces assemblées, un Conseil consultatif économique et social* fera entendre la voix des consommateurs et des catégories socio-professionnelles de la région considérée. Le super-préfet s'effacera.

Je me méfie de l'esprit de système et si j'incline à constituer dix à douze grandes régions plutôt que vingt et une, j'accepterais tout aussi bien la formation de régions plus restreintes, quand elles sont riches de virtualités économiques. [. . .]

L'État français s'attribue les quatre cinquièmes des ressources fiscales, ce qui dépasse de loin la pratique de nos voisins d'Europe, et d'année en année, il se défausse* de ses obligations sur les départements et communes. Quand le ministre des Finances prétend équilibrer son budget sans lever d'impôts nouveaux, il farde la vérité: l'augmentation brutale des impôts locaux, conséquence directe du transfert des charges, le montre. Mais les contribuables mal informés croient que cette augmentation provient de la gestion communale et départementale, incriminent leurs élus et ne songent pas à en reporter la responsabilité sur le gouvernement. Ainsi, à coups d'astuces égare-t-on l'opinion publique. C'est la direction contraire qu'il faut prendre. Le transfert du quart des recettes de l'État aux collectivités locales permettra à ces dernières d'orienter et de financer leur propre développement économique et culturel et de planifier leurs équipements. Quelles recettes? Les droits de mutation, la vignette automobile,* une part de l'impôt sur le revenu, la taxe sur les carburants, l'impôt foncier (à créer au plus tôt).

La classe dirigeante fabrique en série les cadres qui sont appelés à la servir. Un coup de téléphone entre deux anciens élèves de l'ENA* accélère l'étude des dossiers plus sûrement que dix lettres d'un maire au préfet. Le pouvoir politique s'efface devant la sainte alliance du pouvoir économique et du pouvoir technocratique. La réforme régionale offre un moyen nouveau aux citoyens d'affirmer leur présence et de dire leur mot. La liberté est une conquête: ne ratons pas cette chance.

1972, *RP*

(ii) Lundi 28 février*

Aussi souvent que je le peux, je visite, le dimanche matin les communes (il y en a 153) de la circonscription de la Nièvre dont je suis le député. J'y rencontre les conseillers municipaux. On discute eau, électricité, routes, assainissement, bâtiments publics et, depuis quelque temps, fusion des communes rurales. Viennent se joindre à nous les responsables des activités locales. On parle des mêmes choses et ce n'est jamais la même chose.

Hier, j'étais à Chaumot, 108 âmes (le mot résiste). Le bourg domine la vallée d'Yonne et le canal du Nivernais. Sur l'autre rive, en contrebas, s'étire à portée de voix la commune-sœur de Chitry-les-Mines. Chitry possède l'église, le cimetière et le château, mais pas les mines que revendique Chaumot («c'est notre plomb qui a servi pour les toitures de Notre-Dame de Paris»). La gare est mitoyenne,* mais aucun train ne s'y arrête. Chaumot n'a rien, que son joli site et l'amour de ses habitants. On murmure que le préfet mijote, par leur fusion, l'effacement de Chaumot au profit de Chitry et, comme s'il s'agissait d'une relation de cause à effet, on souligne malicieusement que Chitry vote pour le château, qu'habite une ancienne famille seigneuriale, tandis que Chaumot vote à gauche. Mais Chitry et Chaumot ne sont pas en guerre, loin de là. On s'observe avec attention, voilà tout. [. . .]

Pierrot Martin, le plus jeune conseiller municipal de Chaumot (la trentaine), ouvrier chez Michelin à Bourges, rentre au village tous les samedis. Il tient de son père des anecdotes sur Jules Renard* ignorées des érudits. J'apprends l'histoire des objets familiers: le sac de voyage et le chapeau haut de forme (donnés à M. Martin par Honorine Chalumeau, la servante) qui ont dormi sous la poussière du grenier jusqu'à ce qu'on les mette au feu; l'encrier, les porte-plume jalousement gardés par les voisins et que la mort, le temps, l'oubli ont dispersés. «La Gloriette» fut vendue en 1909. Jules Renard n'avait pas d'argent pour l'acheter. «Je suis pauvre et on me croit riche, je suis malade et on me croit bien portant.» Il fit hâtivement réparer la vieille maison de Chitry. Le 22 février 1910, il nota: «Aujourd'hui, quarante-six ans. Jusqu'où irai-je? jusqu'à l'automne?» (c'était la première fois qu'il s'avouait ambitieux) et mourut au printemps.

A Chaumot, où l'on veut vivre, on attend de pied ferme la loi Marcellin.* Je ne connais pas une commune de la Nièvre qui accepte de disparaître. Moissy-Moulinot, à deux lieues de Chaumot, n'a que 26 habitants, mais menace de lever les fourches* à la première alerte. Sur les 38 000 communes de France, combien réagissent ainsi? Presque toutes.

Pour ne rien céler, je les approuve. Tant pis si les têtes

d'œuf qui régentent Paris se renfrognent. Apparemment
elles ont la partie belle: le nationalisme de Lilliput semblera
dérisoire. Mais moi, je m'émerveille de cette infrastructure:
500 000 conseillers municipaux (sans compter ceux qui
voudraient l'être), 500 000 bénévoles au service des autres,
cela vaut mieux pour la démocratie qu'un régiment de sous
préfets. Je me plaindrais plutôt qu'il n'y eût pas dans
chaque quartier, dans chaque rue, dans chaque hameau, des
animateurs que délégueraient les associations de locataires
de parents d'élèves, d'usagers des transports en commun, les
clubs sportifs, les syndicats d'initiative, les comités des
fêtes, et qui seraient obligatoirement consultés par les élus
du suffrage universel sur les sujets de leur compétence.
Décentraliser, maître mot de la démocratie moderne.

28 February 1972, PG

18   THE CASE FOR NATIONALIZATION

(i)

Aux journalistes qui lui demandaient «Mon général, quelle
est votre position par rapport au principe des nationalisations?» le général de Gaulle répondait amèrement: «. . .
Celle du charbon, celle de l'électricité, celle du crédit, elles
ont été faites par les gouvernements que j'ai présidés.*
Mais je constate qu'elles ont été par la suite complètement
dévoyées et qu'on en a largement mésusé parce que les
féodaux s'en sont emparés . . . (1)». Jacques Chaban-
Delmas* n'a pas retenu cet enseignement. Pour lui dans le
programme commun l'économie française se trouverait
compromise. Pour Jean-Jacques Servan-Schreiber* «on va
au massacre de l'économie française». Pour Jean-François
Revel* «va-t-on s'acheminer vers la nationalisation de
l'économie tout entière c'est-à-dire vers la direction étati-
que, bureaucratisée, centralisée et autoritaire de cette
économie?»

(1) Conférence de presse, 12 novembre 1947.

Pourtant, les plus récents sondages d'opinion montrent que l'image des entreprises nationalisées est meilleure que ne le laissent entendre ces juges pessimistes. 42% contre 26% des Français pensent qu'elles sont plus conformes à l'intérêt général que les entreprises privées. 32% contre 27% estiment que les conditions de travail sont meilleures que dans les entreprises privées. Ils hésitent à trancher la question de savoir si elles sont plus efficaces: 33 contre 33 dans un sondage, 35 (en faveur des entreprises privées) contre 29 dans un autre. Bref, la majorité des Français, tout en s'interrogeant sur leur efficacité économique, se déclare franchement favorable à la nationalisation de la banque, des assurances et des grands moyens de production: aéronautique, industrie électrique et électronique en tête. Ils placent même la construction automobile et les entreprises du bâtiment parmi les secteurs à nationaliser en priorité, ce qui va plus loin que le programme commun.*

Cette opinion ne dispense pas la gauche de répondre à l'objection qu'on est en droit de lui opposer quant à la capacité des sociétés nationales à promouvoir autant et plus que le capitalisme privé l'expansion industrielle. Je décrirai à cet égard le gaspillage du système actuel et noterai les méthodes que les socialistes mettront en œuvre pour que les nationalisations puissent remplir sans défaillance leur fonction économique.

Mais il est déjà intéressant de constater que les Français résistent à la formidable campagne d'intoxication lancée par les puissances d'argent et que la gauche, si elle s'explique, n'a pas à redouter d'être mal comprise.

Les Français, mais pas tous. Dans le village des Cévennes où m'accueillent, l'été, mes amis S . . ., j'ai rencontré Mme Martin. Mme Martin est une fermière qui possède onze vaches, cinq chèvres, deux porcs et un chien. Elle se nourrit des légumes de son jardin et fournit lait et fromages à ses voisins. Bien qu'elle ne parle pas souvent politique, les opinions qu'elle exprime par bribes laissent supposer qu'elle vote à gauche. Une gauche modérée. Elle n'aime pas les gros mais admet qu'il existe un ordre des choses où l'on trouve naturellement des gros et des petits. Elle lit «Le Midi libre»* et n'a pas la télévision. Qu'on ne l'imagine pas ignorante. Ce qui se passe au-delà de sa montagne l'intéresse et son esprit est vif. Précisément elle a son idée sur le programme commun de la gauche. Une idée réticente. Je lui ai demandé pourquoi. Sans hésiter, elle m'a dit: «A cause de ces nationalisations. Quand on est fonctionnaire on ne travaille plus.» Je lui ai remontré que dans son village, il y avait des fonctionnaires consciencieux, laborieux, à la poste, par exemple, ou à l'école. Elle a surenchéri* et vanté leurs mérites en me rappelant que ce n'était pas pour rien si le facteur était premier adjoint au maire. J'ai objecté que ce jugement contredisait le précédent. «Ce n'est pas la même chose», a-t- elle tranché, «les fonctionnaires de l'administration, d'accord. Mais tout le monde fonctionnaire, ça non.»

La portée de ce propos, mes conversations quotidiennes avec des interlocuteurs fort variés auraient fini par me l'apprendre si je ne l'avais su de longue date. Pour bon nombre de nos compatriotes que l'État perçoive des impôts (il le fait depuis toujours), entretienne une armée (il le fait depuis Charles VII),* distribue le courrier (il le fait depuis Louis XI),* enseigne les enfants (il le fait depuis Jules Ferry)* tombe sous le sens. C'est son affaire. Qu'il extraie le charbon, qu'il produise de l'électricité, qu'il règle les horaires des trains paraît déjà moins évident. Mais qu'il devienne banquier, assureur ou fabricant d'automobiles surprend et, pour tout dire, inquiète. L'État, pense Mme Martin, et elle n'est pas seule à penser de la sorte, ne doit s'occuper que de ce qui le regarde. Or, mon intention est d'expliquer ici que beaucoup de choses regardent, sinon l'État, du moins la collectivité d'hommes et de femmes qui s'appelle le peuple français.

Si l'on considère que la loi des sociétés humaines est de laisser faire et de laisser passer parce que le progrès naît de la sélection naturelle, parce que le plus fort est objectivement le meilleur, inutile de me suivre plus loin. Mais si l'on croit qu'il existe des besoins fondamentaux communs à tous les hommes, besoins qui ne s'expriment pas seulement en argent – le cadre de vie, la santé, la culture – et auxquels il faut répondre avant de combler le caprice d'une minorité de privilégiés; si l'on désire libérer les travailleurs des tâches mécaniques répétitives, obsédantes, pour les préparer à un rôle créateur, si l'on veut éliminer l'exploitation de l'homme par l'homme en commençant par changer les critères de succès et de recrutement, on constatera vite qu'il est impossible d'y parvenir sans modifier dans leurs structures les centres actuels de décision où se rassemblent, hors de tout contrôle, des pouvoirs exorbitants. En d'autres termes, peut-on abandonner à des groupes d'intérêts privés dont le seul but est le profit, l'argent, le rendement indéfini de cet argent et qui, au-delà de la rentabilité financière immédiate, sont mus par la volonté de puissance, la direction de notre société et la maîtrise de son développement?

Avant d'examiner si l'intervention de la collectivité dans d'autres domaines que ceux qui lui sont traditionnellement reconnus, comme l'ordre public, les finances, la justice, la défense, est opportune, je veux convaincre mes lecteurs qu'elle est en tout cas légitime. J'entends déjà l'objection: vous enfoncez des portes ouvertes. Cette intervention, tout le monde, hors quelques nostalgiques d'une époque révolue, l'admet. Depuis que Roosevelt a lancé son New Deal aux États-Unis d'Amérique,* il n'est pas de pays moderne, industriel, où l'État n'ait son mot à dire et même son autorité à exercer, d'une façon ou d'une autre, dans le domaine économique. Tout est dans la manière. Le grand capital lui-même dont on n'a pas oublié les campagnes enragées contre le dirigisme,* s'est adapté à la situation nouvelle. Après avoir craint de perdre le libre choix de ses investissements et lutté pied à pied contre toute forme de planification, il s'est rendu compte que tant qu'il continuerait de contrôler la machine et de manipuler le pouvoir politique, il n'avait rien à redouter et qu'au contraire le plan, habilement utilisé, lui fournissait un instrument précieux pour orienter au gré des intérêts privés l'emploi des fonds publics. Son seul problème est maintenant d'empêcher que le pouvoir politique change de mains.* Certes, quand l'État prétend contrôler les prix, ou les changer, resserrer le crédit, marchander ses aides, les dents grincent. Mais tout s'arrange puisqu'on reste entre soi. Le personnel politique et administratif en place n'a pas les moyens de s'insurger contre ses maîtres, pour peu qu'il en ait l'envie. Quant à ceux qui croyaient, non sans naïveté, la nation propriétaire de l'État, il est temps qu'ils ouvrent les yeux: elle est expropriée. [. . .]

Ce sera le premier mérite des nationalisations que de déloger de leurs forteresses les féodalités installées à tous les carrefours de la puissance économique. Richelieu, aujourd'hui, se ferait socialiste.* «Ce qui est bon pour la General Motors, disait son président M. Wilson, devenu secrétaire à la Défense du général Eisenhower, est bon pour les États-Unis.» Ce qui est bon pour Dassault, ce qui est bon pour Pechiney, ce qui est bon pour Rhône-Poulenc est bon pour la France,* reprennent en chœur les chantres du capitalisme. Qu'en pensent les Français? Le programme commun sollicite leur réponse afin qu'ils se pénètrent de cette vérité d'évidence: là où est la propriété, là est le pouvoir. Les monopoles, les banques, les firmes géantes sont nos nouveaux seigneurs. Otez-leur cette propriété dont profitent quelques dizaines d'individus sur cinquante millions de Français et vous leur ôterez leur pouvoir. Pouvoir sur l'État par les pressions et séductions multiples qu'ils exercent, pouvoir sur le marché dont ils règlent le cours, les quantités, les qualités et les valeurs, pouvoir sur les consciences par l'achat des grands moyens d'information, pouvoir sur les réflexes par le jeu de la publicité.

Après la dernière guerre l'objectif du général de Gaulle avait été, en nationalisant de vastes secteurs de l'économie, de promouvoir la reconstruction du pays. Aujourd'hui l'objectif de la gauche est de se donner les moyens de préparer l'avènement de la société socialiste dans le cadre du Marché commun, au cœur d'une compétition économique intense. Les nationalisations de 1945 touchaient les secteurs de base nécessaires à la reconstruction. Celles du programme commun concernent en priorité les groupes financiers et les entreprises industrielles qui, dans les secteurs de pointe, (chimie, aéronautique, construction électrique et électronique) représentent à la fois une formidable concentration de pouvoirs et le plus fort potentiel de développement et d'innovation. Ces entreprises obéissent à une logique de développement qui leur est propre, qui tend au monopole, et échappent aux responsabilités qui devraient leur incomber dans le cadre d'un État moderne. Du fait de leur puissance, elles parviennent toujours à influencer les règlements, à brouiller les règles du jeu. Or, justement parce qu'elles sont les locomotives de l'économie et même de la société, il convient d'orienter leur activité vers la transformation des structures de notre pays et la correction des déséquilibres sociaux et régionaux qui s'aggravent en France depuis vingt ans.

Les nationalisations ne sont pas le socialisme. Je reviendrai sur ce sujet afin de dissiper une confusion fâcheuse. Mais elles seront l'instrument décisif du changement de pouvoir recherché non seulement par les socialistes mais encore par tous les hommes libres désireux de faire craquer le carcan d'un système* qui organise, parce qu'il en vit, l'exploitation de l'homme par l'homme.

1972, *RP*

(*ii*)

Vingt-sept ans ont passé.* Le monde industriel s'est développé dans des proportions qui ne peuvent être comparées à celles de la période précédente. Les trusts internationaux ont envahi le marché. La concentration industrielle et financière dans l'Europe de l'Ouest a fait un énorme bond en avant. Ce phénomène explique qu'il soit devenu nécessaire pour la collectivité nationale de contrôler les entreprises dont la taille a pris des dimensions démesurées.

Est-il excessif de souhaiter que les avions militaires, les engins nucléaires, les ordinateurs ou l'aluminium entrent après les chemins de fer, les théâtres nationaux, le métro, Air France et les tabacs et allumettes (étatisés par Louis XV)* dans le domaine sur lequel les Français ont un droit de regard et, pourquoi pas, de propriété?

1972, *RP*

19 NEW TECHNOLOGY AND ITS SOCIAL IMPACT

(*i*)

– Sur l'informatique,* [. . .] secteur neuf et vivant de l'industrie de pointe, le parti socialiste est resté plus discret.

– MITTERRAND: Discret? Nous avons étudié à fond les effets possibles de l'informatique sur les libertés et publié un livre sur ce sujet. Quant au programme industriel il a fait l'objet d'un colloque dont sont sortis des documents qui n'ont peut-être pas obtenu l'audience qu'ils méritaient puisqu'ils ne sont pas arrivés jusqu'à vous . . .

– Mais encore?

– MITTERRAND: S'il s'agit de mesurer l'ampleur du phénomène «informatique» qui donc, à ma place, pourrait se dispenser d'ouvrir chaque jour le champ de ses connaissances? Aussi impressionnantes que soient les réalisations des années 70 elles apparaîtront faibles à côté de la vague de produits nouveaux qui va déferler sur nous dans les années prochaines. Je citerai, sans ordre, quelques-uns d'entre eux dont j'examinerai plus loin les potentialités: l'ordinateur à domicile, le courrier électronique, les postes téléphoniques sans fil, les postes téléphoniques avec intelligence et mémoire incorporées, la surveillance et l'alerte à reconnaissance vocale, le captage et l'utilisation de l'énergie solaire domestique, la machine à dicter et à imprimer, la télévision à cadran plat, la télévision individualisée etc.

On assistera dans les deux décennies à venir à la commercialisation à bas prix d'équipements informatiques individuels dont l'écran aura la qualité d'une image de télévision. Les particuliers les utiliseront comme on se sert aujourd'hui des petites machines à calculer pour des opérations de toutes nature, comptabilité, comptes bancaires, etc., pour la traduction mot à mot d'une langue, pour les jeux, la sécurité à domicile, le calendrier, les mémentos, que sais-je encore? On pourra envoyer des lettres par téléphone en quelques minutes, procéder de chez soi à des achats, louer des places d'avion, de train, de spectacles, des voitures. Un médecin consultera par téléphone avec envoi immédiat d'ordonnance. Un exploitant agricole s'informera des cours, traitera avec l'acheteur, grossiste, supermarché, détaillant, relié lui-même par son terminal à de véritables «bourses électroniques» par produit: fruits et légumes, viande sur pied,* céréales, etc. Le terminal, la transaction conclue, permettra l'impression des bons d'expédition et des factures, et la tenue des écritures. Ces communications personnelles seront doublées d'un système de communication collective: l'ensemble du réseau téléphonique acheminera en même temps que la voix des messages de toutes formes. La plupart des entreprises relieront leurs postes de travail administratif entre eux. On verra des réseaux se constituer dans le corps économique tout entier: industrie, banques, assurances, Sécurité sociale . . . On dictera un texte à une machine à écrire qui, reconnaissant les mots, les imprimera. Des satellites écluseront une partie du débit colossal que suscitera la généralisation du système.* Avec les postes de téléphone libre, c'est-à-dire non rattaché par fil au réseau, chacun pourra emporter son téléphone avec soi, en voiture, dans sa poche, à la pêche. On expérimente déjà cette commodité à Baltimore, Washington, Chicago. On infusera de l'intelligence aux outils, appareils ménagers, automobiles, robotique industrielle. Pas de bio-industrie sans une informatique évoluée. De même pour trouver le pétrole et le sortir de terre, pour capter et stocker l'énergie solaire, pour contrôler l'usage de l'énergie tant à domicile que dans les voitures, les bureaux, les usines. Les prévisions les plus récentes donnent la date de 1986 comme début de l'installation massive des équipements d'énergie solaire. Les composants semi-conducteurs, intelligents et à mémoire verront s'ouvrir des marchés de plusieurs milliards de francs. On connaît déjà le stimulateur cardiaque. Demain le cœur et d'autres organes fonctionneront sous auto-surveillance. Mieux, le détecteur d'anomalie déclenchera automatiquement l'action correctrice. C'est toute l'éco-nomie de la Sécurité sociale qui s'en trouvera allégée. Sur le plan éducatif le poste de télévision d'un particulier, relié par fibre optique, recevra à n'importe quelle heure, n'importe quel programme. Tout le savoir du monde sera disponible pour chacun.

– Les progrès technologiques dont vous venez d'énumérer une liste impressionnante ne surgissent pas spontanément. Ils supposent des efforts multiples et constants. Quels seront les acteurs de cette histoire en devenir?

– MITTERRAND: La recherche et le développement sont essentiellement le fait des constructeurs de matériels d'informatique et de télécommunications et de certains grands services publics, comme en France les PTT* et la Défense nationale. La force dominante appartient aux Américains qui couvrent environ 85% du marché mondial, IBM représentant à elle seule 60% de ce pourcentage. Après les Américains, le Japon et très près du Japon, la France, devant la Grande-Bretagne et l'Allemagne. Peu d'autres pays parviendront à s'insérer dans le marché tant sont lourds les coûts initiaux, car le prix de revient unitaire dépend de la quantité produite, donc de la domination du marché. Les experts disent qu'en 1985 il n'y aura plus dans le monde entier qu'une demi-douzaine de fabricants de circuits intégrés de type VLSI – *very large scale integrated* – à haut niveau d'intégration.

– La France suivra-t-elle ce train?

– MITTERRAND: Si elle prend conscience de l'extrême importance de l'ensemble «Informatique, Bureautique, Robotique, Télématique» et si elle s'en donne les moyens, oui. Il faut d'abord qu'elle sache que son indépendance en dépend.

1980, *IM*

(*ii*)

MITTERRAND: Enfin, nous évoquions les satellites de communication qui auront transformé avant peu aussi bien les circuits de télévision que les mécanismes économiques.

C'est ainsi que tout téléspectateur français pourra recevoir des dizaines de chaînes allemandes, néerlandaises, anglaises, américaines, etc. pour la plupart commerciales.

Se poseront alors en d'autres termes les problèmes du travail, de la consommation, du pouvoir. Comment utiliser les nouveaux biens de consommation apparus dans les domaines de la culture, de la santé, de l'administration? Comment empêcher la disparition de centaines de milliers d'emplois dans la poste, la banque, les services, la production industrielle? Comment protéger la vie privée des individus contrôlée par des détenteurs de «mémoires informatiques» centralisées,* menaçants pour la conception même de la démocratie? Il suffira que le ministre de l'Intérieur dispose d'une discothèque* de deux cent cinquante vidéo-disques, pour qu'il puisse en quinze secondes faire apparaître sur un écran la fiche signalétique* de chaque Français.

On comprend, par ces quelques exemples, combien il est urgent de définir les choix industriels, d'institutionnaliser les contre-pouvoirs et de diffuser un savoir apte à saisir et à cerner les effets de ces mutations.

– C'est à partir de là, disiez-vous, qu'intervient la politique. Selon le cours qu'elle prend les effets de la science donnent un tout autre sens aux relations entre les hommes.

– MITTERRAND: Les socialistes savent que la science n'est pas neutre. Ou bien la liberté y gagnera ou bien ce seront les forces d'oppression. C'est là toute l'affaire.

– Science et pouvoir forment depuis toujours un couple diabolique.

– MITTERRAND: Et pourtant depuis Hiroshima il devrait être clair que science et politique, savoir de l'homme et droits de l'homme sont liés, que jamais plus la liberté ne pourra être pensée indépendamment des enjeux de la science.

– De tout temps disiez-vous, la science a joué un rôle moteur dans l'évolution des sociétés. Des recettes doivent exister, que d'autres générations ont éprouvées avant nous!

– MITTERRAND: Elles sont multiples et inégales. Karl Marx brassait les idées générales mais il avait aussi saisi l'importance du moulin à vent dans l'émergence de la société industrielle.

Fernand Braudel* montre en quoi la mise au point d'un nouveau bateau, la flûte,* a fait d'Anvers l'un des centres du monde au XVIIe siècle. Engels a éclairé le rôle de la machine à tisser dans l'explosion industrielle anglaise de la fin du XVIIIe siècle, et l'on sait que le téléphone et le moteur électrique expliquent une part notable de l'organisation économique des État-Unis. Mais pour autant, que de ratés! L'Égypte des Ptolémée a inventé la machine à vapeur avant de l'oublier faute de s'en être servie pour d'autres usages que le mouvement des portes des pyramides. La Chine a perdu son rang faute d'avoir exploité les techniques qu'elle avait découvertes. Et il est parfois distrayant de constater que l'invention sert parfois à tout autre chose qu'à ce que le pouvoir du temps souhaitait en faire: ainsi de l'imprimerie, pensée comme mode de généralisation du latin par Charles Quint* et qui en a ratifié le déclin. Vous voyez que la science doit compter avec l'aptitude des hommes à l'intégrer au quotidien! Voilà pourquoi il importe de comprendre comment une technologie s'inscrit dans la réalité sociale, les cas où elle sert à son développement, les cas où elle lui nuit, et ceux où elle ne résout rien. Jean Gimpel* fournit là-dessus une intéressante réponse. Pour lui, une technologie fait d'une nation une grande puissance si elle règle le problème des coûts, s'il existe un moyen de financement abondant et peu coûteux et si un groupe social a intérêt à sa mise en œuvre et le pouvoir de l'entreprendre.

Ces critères paraissent justes. Il leur manque cependant un élément indispensable aux grandes mutations: l'existence d'un projet politique et culturel cohérent avec la nature de la révolution technique. Si le mythe de la machine a été contemporain de l'avènement de la démocratie parlementaire, cela ne relève pas du hasard. Ce système commandait l'arrivée au pouvoir de la classe bourgeoise, elle-même liée au développement du premier capitalisme. Mais, les derniers vestiges du féodalisme abattus, il exprimait en même temps la conquête des libertés publiques, qui au-delà de la bourgeoisie et du capitalisme entraient dans l'héritage commun des sociétés démocratiques. Un projet de société aujourd'hui cherchera à concilier le mode de vie et l'organisation du pouvoir avec une double rareté, celle de l'énergie, celle du temps. La technologie nous en fournira le moyen. Mais qui le fera? Quel pouvoir? De quelle nature? Suivant que l'informatique s'orientera vers des techniques centralisées ou décentralisées, que la génétique conduira à la manipulation du cerveau ou à la réduction du cancer, à la prévention des maladies ou à la fabrication de surhommes-robots, que l'océanographie contribuera à multiplier les sources d'alimentation, donc à vaincre la faim, ou à abriter les armes de la mort, que la connaissance de l'atome livrera les secrets de la matière ou servira à l'anéantir, et nous avec elle, tout changera. Face aux modèles économico-politiques qui ne penseront qu'à vassaliser chaque pays et à soumettre chaque individu à leurs normes culturelles, je crois du plus profond de moi que le socialisme sera seul capable d'organiser, dans chaque champ de savoir, l'action de résistance qui infléchira la technique du côté de la liberté.

1980, *IM*

20 'LE TEMPS DE VIVRE'

– La liberté pour un homme vis-à-vis de son travail ne serait-ce pas d'abord d'être un peu plus maître de son temps et de pouvoir consacrer davantage d'heures aux loisirs? Vous avez approuvé l'idée d'une réduction de la semaine de travail à trente-cinq heures.* Mais n'est-ce pas une solution de facilité, une fuite en avant qui n'influera en rien sur le chômage? Les trente-cinq heures n'ont-elles pas été l'objet de critiques, à gauche même?

– MITTERRAND: Certes et dans nos propres rangs! Mais aujourd'hui la semaine de trente-cinq heures figure au programme des Partis socialistes européens. Elle a inspiré la lutte des sidérurgistes allemands pendant l'hiver 1978–1979. La Confédération européenne des syndicats l'a inscrite dans sa plate-forme revendicative.* L'Assemblée européenne, sur un rapport du député socialiste français, Jean Laurain, a émis un avis favorable. Nous sommes en bonne compagnie.

– On a davantage contesté son coût économique que son principe. Peut-on accorder trente-cinq heures sans perte de salaire?

– MITTERRAND: Il y a deux manières d'aborder une revendication sociale. La première consiste à additionner les difficultés pour justifier qu'on y renonce. La seconde à considérer qu'il s'agit d'une exigence de justice et que si l'on fait le compte des obstacles, c'est avec la volonté de les surmonter. Afin d'éviter que le passage aux trente-cinq heures sans perte de salaire ne constitue une charge insupportable pour certaines entreprises, nous avons suggéré des étapes de mise en application échelonnées jusqu'au 1er janvier 1984 et une méthode de discussion par branches industrielles, éventuellement par entreprise, par accord entre les partenaires sociaux qui en définiront les modalités. En outre, j'ai proposé de moduler les taux de prélèvements sociaux des entreprises* en difficulté et je suis prêt à envisager d'autres mesures du même genre. Enfin, quand on objecte le coût des trente-cinq heures, il faut calculer aussi le coût du chômage. On l'estime pour 1979 à plus de 27 milliards dont 7,3 milliards sous forme d'aides et de participation de l'État. La diminution du chômage réduirait le volume des allocations versées* ainsi que la perte de recette subie par la Sécurité sociale.

Quant à dire de la semaine de trente-cinq heures qu'elle ne créerait pas d'emplois, les syndicalistes européens considèrent qu'une réduction de la durée de travail de 10% accroît l'emploi de 5% Une étude de l'INSEE* et des études du Plan vont dans le même sens.

Mais, dépassons le débat. Situons-nous au niveau où les socialistes doivent fixer leur regard, celui de la nouvelle révolution industrielle. Le développement de l'informatique, l'automatisation des tâches manuelles imposent une nouvelle répartition du travail. A nous d'inventer un type de société où le travail ne sera plus facteur d'aliénation pour l'homme, mais de son épanouissement. Les trente-cinq heures, c'est aussi cela: une autre façon de vivre. Et ne croyez pas que nous nous réfugions dans le long terme pour éviter d'avoir à répondre aux questions qui nous prennent à la gorge. Les mutations techniques nous frappent de plein fouet. Nous parlions à l'instant de l'industrie automobile. Devant la robotisation de la production qui se substituera au travail à la chaîne* particulièrement pénible, et dont j'ai dit qu'elle nous aiderait à gagner la bataille engagée sur le marché international, je n'adopte pas, loin de là, une attitude rétractile.* Cette remarque vaut pour toutes les productions de masse jusqu'alors orientées vers le renouvellement accéléré des produits, et qui entraînent un énorme gaspillage de matières premières et d'énergie.

Nous réfléchissons à un autre modèle de consommation axé sur des produits manufacturés, plus solides, d'une plus longue durée, et susceptibles d'être réparés, qui rendront nécessaire la création d'emplois qualifiés pour la maintenance et l'entretien. Cette mutation, c'est le rôle du Plan de l'organiser, de l'ordonner, d'en programmer l'evolution et d'en concevoir les effets.

– Ces derniers temps, le gouvernement* a poussé à la réduction du temps de travail en essayant de favoriser les négociations entre le CNPF* et les syndicats. N'est-ce pas pour lui une façon de se rattraper, de calmer les mécontentements dans un domaine qui ne lui coûte rien, une sorte de compensation à l'inflation et au chômage?

– MITTERRAND: Le pouvoir n'est pas rallié à une véritable diminution de la durée du travail. Le patronat et le gouvernement marchent la main dans la main. Sur un point cependant, je pense que Giscard d'Estaing se réserve de sortir au bon moment, c'est-à-dire au début de l'année prochaine,* la cinquième semaine de congés payés. Cette cinquième semaine est entrée dans les mœurs et de nombreuses entreprises la pratiquent déjà.

– Dans votre plan de lutte contre le chômage, vous avez réitéré la proposition du Programme commun sur l'abaissement de l'âge de la retraite.* Malgré cela, cette mesure vous paraît-elle, à vous socialistes et à vous personnellement, François Mitterrand, humainement et économiquement bonne, à un moment où la durée de la vie s'allonge régulièrement?

– MITTERRAND: Avant de vous répondre sur le fond, j'observe que l'abaissement de l'âge de la retraite est unanimement réclamé par les organisations syndicales et les partis de Gauche.

– N'est-ce pas une idée un peu complaisante?

– MITTERRAND: Pourquoi? Personne ne demande que la retraite à soixante ou cinquante-cinq ans soit obligatoire. Qui voudra continuer sa vie active jusqu'à soixante-cinq ans le pourra.

– Ne risque-t-on pas de créer une injustice en permettant à certains de prendre leur retraite dès l'âge de soixante ans à taux plein?

– MITTERRAND: Non, puisque chacun restera maître de son choix. Et s'il est vrai que la vie s'allonge, en quoi est-il nécessaire que cette vie soit une vie de travail au bénéfice d'autrui? C'est un des acquis du progrès et de la civilisation, que de parvenir à disposer du temps de vivre.

– Cela suppose que l'on préparera les gens à vivre leur retraite, à une deuxième vie.

– MITTERRAND: Assurément. L'un des grands axes de la pensée et de l'action des socialistes a toujours été cette conquête du temps de vivre. Il y a un siècle et demi, un enfant du peuple de sept ou huit ans, entrait au service des autres jusqu'à la mort. Quatorze, puis douze, puis dix heures de travail par jour, pas de repos hebdomadaire, sinon l'heure de la messe le dimanche, pas de congé annuel, pas d'âge de la retraite. Rien. Des vies perdues. Et dans quelles conditions! Ni droit au salaire, ni droit au travail, ni droit à la sécurité, ni droit au repos, ni droit au logement, ni droit à l'instruction . . . Il a fallu attendre 1841 pour que les enfants cessent d'aller au fond de la mine au-dessous de dix ans et pour plus de dix heures, 1874 pour qu'une femme devant accoucher obtienne quelques jours de congés, 1881 pour que l'instruction primaire soit gratuite, [. . .] 1936 pour deux semaines de congés payés, 1945 pour une législation cohérente de sécurité sociale . . . Savez-vous que le gouvernement provisoire de la IIᵉ République, gouvernement de bourgeois qui se croyaient libéraux, en pleine révolution de Février* a refusé de descendre au-dessous de dix heures par jour à Paris et onze heures en province? Qu'en 1919, la Chambre bleu horizon* a encore imposé quarante-huit heures par semaine? Que seule la victoire du Front populaire a permis d'arracher et les congés payés et la semaine de quarante heures? Je viens de prononcer le mot arracher. Hé oui, il a fallu tout arracher. Rien n'a jamais été donné. Le droit de l'enfant, l'allongement de la scolarité obligatoire, les règles de l'apprentissage. Le droit de la femme. Le droit du troisième âge. Quand fut obtenu le droit à la retraite à soixante-cinq ans, la durée de vie moyenne n'atteignait pas cinquante-cinq ans. Et la durée de vie moyenne des travailleurs manuels cinquante ans. Aujourd'hui encore

l'espérance de vie d'un travailleur manuel reste inférieure
aux soixante-cinq ans fatidiques.

– C'est à ce moment-là qu'il aurait fallu abaisser l'âge de
la retraite.

– MITTERRAND: Facile à dire. Mais on l'a refusé! Et le
même argument, immuable, a servi de génération en génération patronale: le droit de vivre, c'est toujours trop tôt.
Les impératifs de la production justifient aujourd'hui le
refus des trente-cinq heures hebdomadaires, comme ils
justifiaient le refus opposé aux enfants de moins de dix ans.

– En somme, on récompensait les survivants!

– MITTERRAND: Pour la classe dirigeante, le temps de vie
d'un travailleur n'est que l'appendice du temps de travail.
Pour les socialistes, le travail n'est qu'un moyen de vivre,
parmi d'autres, la vie, valeur absolue.

1980, *IM*

CHRONIQUES

*Lundi 16 novembre**

Ai-je assez regardé le portrait de la terre! Lorsque je sauve une soirée de l'encerclement parisien j'ouvre mes atlas, le Quillet, le Larousse, l'Universalis, je compare la couleur de leurs cartes, les caractères d'imprimerie qui donnent du même pays des images si différentes et je m'invente des itinéraires. Mes voyages réels ont toujours confirmé les intuitions que j'en avais, l'Inde exceptée que flatte sa belle épure* triangulaire. Bref, j'aime lire son destin dans la carte du monde. Petit jeu, grand jeu, c'est selon. D'une page à l'autre défilent sous mes yeux les candidats à la puissance de demain ou d'après-demain: Brésil, Allemagne, Japon, Iran, Nigéria. Du Canada, que restera-t-il une fois ses richesses dénombrées? A l'Indonésie il manque un siècle ou deux. L'Argentine trouvera sa route si son peuple la guide. Le Zaïre paiera longtemps la misère coloniale. L'Inde aime trop la mort. Aucun historien n'a fourni l'explication fondamentale, ce qui pousse un peuple à grandir et pourquoi il cesse de croître, ses élans, ses fièvres, ses langueurs. J'aperçois les mobiles du petit nombre ramassé sur lui-même, accroché à son sol, tirant son énergie de la difficulté, Israël, Hollande,

Vietnam, Cuba. Moins évidentes sont les raisons qui décident de la capacité des puissants à maîtriser l'Histoire ou à s'en détourner. On le sait, celui qui possède des hommes, de l'espace, du pétrole, de l'eau, des métaux, entre dans le cercle des peuples forts. Mais il faut davantage pour atteindre le centre. L'espèce humaine obéit à des lois qui relèvent de la chimie. D'obscures digestions collectives la commandent. Non que je nie le rôle de l'individu, de l'idée, du symbole, mais ils ne déterminent que ce qui l'est déjà. A la façon d'Haroun Tazieff* penché sur un volcan, j'observe les lieux où dans ses profondeurs la terre est en fusion et j'essaie de tirer de son bouillonnement la formule qui l'expliquera.

Ce soir, j'ai donc mes cartes étalées devant moi, en arrêt sur la Sibérie. Je ne m'écrierai pas comme Salvador Dali le fit pour la gare de Perpignan «La Sibérie est de toute évidence le centre de l'univers», mais je sais, en toute certitude, que là va naître un nouveau monde.

Mon attirance ne date pas d'hier. La Sibérie exerce sur mon esprit un véritable sortilège. Il est des régions très décoratives, la Méditerranée par exemple ou les îles de la Sonde.* La Sibérie, prise dans la masse du continent asiatique, s'impose moins au premier coup d'œil. Mais quand on la considère à la renverse, je veux dire à partir du pôle, impossible de ne pas être subjugué par le rivage qu'elle déploie le long de l'océan Arctique et dont la forme évoque une aile ouverte, étendue sur la moitié du globe. Et puis son nom me plaît. Comme ceux de Bornéo, d'Abyssinie, de Labrador, sans que je sache exactement pourquoi. Ce pouvoir des syllabes paraîtra futile à beaucoup mais il est rare que la poésie ne soit pas découvreuse de forces telluriques. Enfin on parlait si souvent chez moi de la Sibérie comme d'une contrée mystérieuse et redoutable, la planète Sibérie, plus froide que la plus froide, avec sa neige, ses traîneaux, ses loups, ses ours et ses rudes hommes à l'haleine gelée, qu'on m'aurait demandé: quel pays choisis-tu? j'aurais désigné celui-là. La littérature en a rajouté, à commencer par Michel Strogoff avant que Dostoïevski peuple mes songes d'espace et de solitude. En Charente,* on dit d'un coteau exposé au nord ou d'un champ qui recèle des eaux profondes: c'est une Sibérie. Sur la route d'Auxerre à Clamecy qui m'est devenue familière, les gens du coin nomment «en Sibérie» la dépression qu'on traverse peu avant Courson-lès-Carrières. L'hiver on est sûr d'y trouver brouillard et verglas et il faut se garder de toute imprudence dès l'équinoxe de septembre. Précisément, dimanche dernier, alors qu'à mon volant je rentrais de Château-Chinon, j'ai dérapé «en Sibérie» au creux du plus mauvais tournant et, le bas-côté franchi, je n'ai arrête la voiture que le nez du moteur coincé dans une haie. L'heureux malheur! L'air était si frais, si vif, le ciel si vaste au-dessus du plateau que je suis resté un bon bout de temps les mains dans les poches et le col du manteau relevé à marcher en tous sens avant de penser à me faire dépanner. Je me rappelais la Sibérie, la vraie, dont j'ai contemplé la face plate, voilà déjà dix ans, du haut de l'avion qui joint Moscou à Irkoutsk.* Par la double vitre du hublot qui s'irisait parfois des couleurs du prisme en insistant sur le violet, j'avais passé des heures à scruter les pistes et les signes de cette terre où le regard glisse et se perd comme en plein océan. Ici et là la lisière d'une forêt, un lac, une route dans la steppe, un fleuve dessinaient des figures géométriques simples. Se créait à la longue un envoûtement magnétique qui absorbait toute pensée. A force d'attention je me sentais me dissoudre et me fondre dans un être sans limites et je me répétais cette phrase de Tennyson dont la lecture m'avait naguère intrigué et qui s'éclairait maintenant: «C'est le limpide du limpide, le certain du certain, l'étrange de l'étrange, totalement au-delà du langage – où la mort est une impossibilité presque risible.»* Quand la nuit arriva je ne savais plus où finissait le ciel. Les brumes qui s'élevaient brouillaient l'horizon. On devinait un sol trempé d'eau, d'immenses marécages que les feux du couchant rosissaient, à moins que ce ne fût le reflet du crépuscule sur un nuage.

Au moment d'atterrir à Irkoutsk je ne vis du lac Baïkal qu'un trou noir.

J'étais alors en route pour la Chine. A Pékin, on me parla de la Sibérie comme d'un procès. L'humeur acide on reprochait à la Russie les traités forcés, les frontières violées. On prononçait le mot de révision tout en pensant à celui de revanche. Qui n'observe avec convoitise cette terre plus vaste que l'Amerique du Nord et qui compte moins de trente millions d'habitants? Le Japon simule l'indifférence mais pleure en secret la Mandchourie perdue.* Les États-Unis aimeraient que, par personne interposée, fût démentie la prédiction de Lomonossov*: «La puissance russe sera sibérienne.» Et la Russie propriétaire légitime des lieux lance ses plans de développement dans toutes les directions. Il n'y a pas si longtemps que les Toungous* ont abandonné l'os et la pierre de silex. Maintenant mes atlas ne savent plus où loger tant ils se multiplient les symboles qui veulent dire or, cuivre, nickel, uranium, plomb, tungstène, charbon, manganèse, diamant, ou barrage, combinat, complexe, oléoduc,* ou gaz, pétrole, pétrole, pétrole. Le sous-sol de Sibérie contient 80% des réserves mondiales d'énergie. Des villes qui n'étaient que dix baraques ou rien du tout surgissent. Retenez leurs noms: Tioumen, Bratsk, Ust-Ilymsk, Samotlor, Medvezkye. Novossibirsk s'enfle à un million et demi d'habitants. Akademgorodok aligne ses rues droites, parallèles, qui se rejoindront à l'infini de la science.

Brejnev* rompant avec la diplomatie du soupçon invite les pays industriels d'Occident à investir leurs capitaux et leurs techniques en échange de matières premières. C'est une course de vitesse, le match du XXIe siècle. La paix et la guerre se font toujours au même endroit. Je les vois avancer l'une et l'autre pour un rendez-vous où se décidera le sort de l'univers. Étonnante aventure à peine commencée tandis que les moustiques règnent sur l'été et le gel sur l'hiver dans le silence de la toundra.

16 November 1971, *PG*

22 RECORDING A TELEVISION ELECTION BROADCAST

*Mercredi 19 avril**

Puisque nous sommes à la fin d'une campagne* télévisée, que mes lecteurs entrent donc avec moi au studio. Ils verront qu'il est rempli de machines et bourré de gens. Je ne sais pourquoi il y a tant de monde. Le réalisateur n'a besoin que de trois ou quatre opérateurs et, en dehors d'eux, seule la maquilleuse exerce une fonction précise. De plus ne pénètre pas au studio qui veut. Une carte bleue avec, écrits dessus, des signes cabalistiques* que scrutent, sourcils froncés, des gardiens vigilants, sert au tri. Mais il faut croire que cette petite foule a sa raison d'être. Elle occupe le terrain, encombre les allées, bavarde, caquette.

Je n'ai droit qu'à deux invités. Vendredi, je suis venu avec Patrick A., technicien du cadrage,* et Monique S., qui a pour mission d'aiguiser son esprit critique sur ma production, d'épier, de noter mes erreurs. Mardi, je n'ai amené personne. Non que mes assistants fussent inutiles, mais je suis revenu le matin de Clermont-Ferrand après un voyage fatigant, j'ai dormi deux heures et n'ai pu leur remettre en temps voulu les cartes bleues. Par contre, j'ai trouvé sur place Claude Estier,* qui n'a pas son pareil pour deviner les mots de passe. La maquilleuse m'a composé un fond de teint, ce que je n'aime guère. Elle m'a expliqué que c'était indispensable. Je deviens docile en vieillissant. Petit bout d'aimable conversation. Un coup de peigne. Top. On commence.

Rien de plus arbitraire que ces émissions officielles. La loi du genre interdit une véritable improvisation. Mais lire un papier déroute et lasse le téléspectateur. Impossible de s'y résigner. Si bien qu'assis dans l'immuable fauteuil, devant l'éternel bureau recouvert de feutrine, sous l'œil brûlant des projecteurs, il reste à concentrer sa mémoire sur les points de repère d'un texte soigneusement préparé, à parler sans perdre le fil qui menace à tout instant de casser. Cet effort vide le regard. La bouche s'ouvre ou se ferme sur un discours qui essaie de rattraper la pensée quand il ne la précède pas, ce qui provoque une série de mouvements disharmoniques comme un play-back mal ajusté.

Le gouvernement a organisé* les séances d'enregistrement avec une minutie vexatoire qui en dit long. Elles se déroulent sous le contrôle du représentant du Conseil d'administration. Vendredi, le commissaire était Paul Delouvrier, bon compagnon de mon adolescence, que je retrouve avec plaisir sous cette casaque qui nous fait rire. Mardi, c'était Maurice Vidal, journaliste à *la Vie ouvrière**, esprit libre, qu'un hasard malin a projeté dans ce cénacle. «Conformément aux dispositions du règlement que vous connaissez, le studio 101 sera à votre disposition de 13 h 30 à 16 h», m'a écrit Jean Chauveau de Lignac, le secrétaire général de l'Office.* J'ai déjà fréquenté le studio 101, où l'on joue «A armes égales».*

Cette fois-ci je suis seul sur le plateau,* pour un monologue de quelques minutes et devant dix à quinze millions d'auditeurs-spectateurs. Vendredi, cinq minutes. Mardi, six minutes. Deux essais sont autorisés. Sinon, l'orateur n'a plus qu'à tenter sa chance en direct.* Après un temps, qui paraît toujours long, pendant lequel les techniciens font leurs réglages, un opérateur annonce à haute voix le compte à rebours: 10, 9, 8, 7, et s'arrête à 3. Silence. Une lampe rouge fixée sur la caméra s'allume: c'est parti.

Je n'apprécie pas beaucoup cette attente du déclic. Les traits se figent. Je me ferme en moi-même plutôt que d'hésiter entre des attitudes dont aucune ne sera naturelle au bout de trois secondes. J'entends déjà le commentaire du lendemain: «Vous aviez l'air trop dur, trop crispé, au début, ensuite ça s'est arrangé.» Essayez donc! L'oral de mon premier bac hante parfois encore mes rêves. Je me vois face à l'examinateur, dans cette salle de la faculté des Lettres de Poitiers, aux bonnes odeurs de poussière d'été. Les mots dansaient dans ma tête et restaient au niveau du larynx. Et le peu qui en sortait échappait aux normes grammaticales. Sale

CHRONIQUES 139

affaire! Cet examen raté, faute d'avoir émis un son clairement articulé, je ne cesse pas de le passer. Aujourd'hui encore, parler en public déclenche en moi une sorte de refus.

Mais je reviens au règlement des émissions télévisées. Chaque essai simule le direct. C'est-à-dire que, de la seconde où la lampe s'allume jusqu'à la seconde où l'orateur se tait, le film ne peut être retouché. La liaison malencontreuse, le bafouillage, l'éternuement, le saignement de nez, l'évanouissement sont désormais inexpugnables.*

Pour la campagne électorale de 1968, j'ai vécu la mésaventure suivante: la prise de son semblait correcte. Mais je mis dix secondes à quinze peut-être, avant d'ouvrir la bouche. Tous s'accordèrent pour estimer que je devais recommencer tant ce silence était insupportable. J'objectai qu'il suffisait de ne projeter le film qu'à partir du moment où je m'animais. La commission de contrôle se réunit et conclut qu'il était interdit de couper un millimètre de pellicule. Donc, ou bien j'acceptais un deuxième essai, qui serait le dernier, ou bien le premier serait intégralement transmis. Je m'entêtai. On s'aperçut alors que la lampe rouge n'avait pas fonctionné. Je n'avais démarré qu'en voyant un technicien agiter désespérément le bras. La commission reconnut que l'erreur était imputable à l'administration. «Eh bien, coupez le film!» insistai-je. La commission se réunit à nouveau et conclut que j'avais droit à un troisième essai, le premier étant annulé, mais que si je préférais le film litigieux, tant pis pour moi, il passerait tel quel sans coupure. Je me fâchai, et partis.

Dans la soirée j'appris que le réalisateur Alexandre Tarta avait tout simplement maintenu en place dix secondes de plus, le carton qui annonce l'orateur et l'avait prestement enlevé au moment où je commençais à parler. Le règlement était sauvé.

Finir une émission n'est pas plus simple. Sous la caméra se dresse une pendule, qui porte elle aussi une lampe. Cette lampe s'allume à son tour pour signaler qu'il ne reste que trente secondes pour conclure. On sent aussitôt une tension dans l'air. La petite foule retient sa respiration. Le moindre dépassement ne sera pas pardonné. Cependant, certains commissaires pratiquent l'indulgence et ferment les yeux sur trois secondes de grâce. C'est l'Empire libéral!

19 April 1972, *PG*

23 'RIEN DE PIRE QUE L'ÉTAU PARISIEN POUR LE PROVINCIAL QUE JE SUIS RESTÉ'

(*i*)

Mardi 30 mai*

J'ai interrompu cette chronique à deux reprises et je me le reproche. Mais je n'ai pu m'arracher au travail qui m'incombe. Chaque semaine je vais en province, où je visite les fédérations socialistes et tiens des réunions publiques. Le samedi ou le dimanche, je me rends dans la Nièvre où je préside au moins six fois par an les sessions du Conseil général. A Paris, le mercredi et le jeudi sont absorbés par les délibérations du secrétariat national et du Bureau exécutif du Parti. Par surcroît, il est rare qu'une soirée ne me soit pas confisquée par les commissions de travail ou des assemblées de quartier. Je ne m'en plains pas. Mais quand s'ajoutent à ce calendrier un débat parlementaire (ce fut le cas récemment), la rédaction d'un article (j'en écris trois ou quatre par mois pour les journaux français et étrangers), la préparation d'un livre (avec quelque imprudence j'en ai commencé deux), la mise au point d'une émission télévisée (j'affronte Michel Debré* le 13 juin «A armes égales», film à l'appui, technique nouvelle pour moi), oui, je l'avoue, il m'arrive de m'essouffler – c'est d'ailleurs une erreur que de se disperser de la sorte. J'en ai conscience. J'y mettrai bon ordre d'ici peu.

L'action brûle vite les matériaux qu'on lui jette. Un sol qui repose nourrit des moissons abondantes. Ah! le bonheur utile des longues promenades où respirer est penser. Je marche dans la forêt. Les oiseaux qui chantaient si fort auprès de la maison ne s'aventurent pas jusque-là. Ils restent,

comme les chiens, à portée de voix et n'aiment pas
s'éloigner des lieux où l'homme vit. Je mesure le progrès des
fougères qui, soudain déroulées, déploient leur tapis de
haute verdure. Je sens mes pas épouser la souplesse du
chemin. Le silence et l'espace me guérissent du mal des
villes. Brève incursion dans un royaume presque oublié!
L'autre dimanche j'ai garé ma voiture sur le bas-côté de la
route, à 2 km de Pierre-Écrite, en Morvan, point culminant
de l'ancienne voie Paris–Lyon.* J'ai coupé par les champs et
les bois et atteint Alligny, au creux de la vallée, en moins de
deux heures. Le temps de boire un verre d'eau à l'auberge qui
se trouve au-dessous de l'église et j'ai refait l'itinéraire en
sens inverse. La lumière dorée qui traversait en gloire le ciel
noir couronnait de majesté le sommet des collines où la
hêtraie résiste encore à l'agression des résineux.* La
fatigue m'a planté plusieurs fois sur place, comme un arbre:
les racines poussent vite à qui sait s'arrêter. Mais il fallait
déjà rentrer.

30 May 1972, *PG*

(*ii*)

*Samedi 17 juin**

Passons sur cet «A armes égales» qui m'a opposé à Michel
Debré. Philippe Tesson et Maurice Clavel* ont eu raison
d'observer qu'il a péché par académisme. J'aurais dû
ouvrir les fausses fenêtres par où mon adversaire s'est plu à
contempler le paysage. Il fallait trouer le mur. En respirant
l'air confiné d'un débat hors du temps j'ai pris un risque
d'asphyxie et ne m'en suis pas tiré indemne,* à mon goût
tout au moins. Puisqu'il s'agissait de décrire une politique pour demain, un peu de bon sens exigeait que l'on
commençât par cerner les problèmes d'aujourd'hui. Mais
Michel Debré s'est cantonné dans l'éternel tel qu'il le voit,
un éternel très provisoire, je le crains, tandis que, de peur de
verser dans le futurisme, j'ai collé de trop près aux analyses
traditionnelles. On sait que la forme est, comme on le dit
d'un boxeur, capricieuse. Le combat terminé, les arguments

laissés au vestiaire me revenaient en foule. Il est vrai que je n'avais pas eu le loisir de pratiquer la méthode à laquelle je me tiens ordinairement, qui consiste à réfléchir loin de Paris pendant les deux ou trois jours qui précèdent un affrontement important. Rien de pire que l'étau parisien pour le provincial que je suis resté. A cinquante et quelques années et malgré un bagage d'expérience assez fourni, je ne connais pas d'endroit plus riche d'idées que le raidillon pierreux où j'allais cueillir des mûres dès que j'arrivais chez mes grands-parents pour les vacances d'été, en Charente.* J'aurais besoin d'y retourner.

17 June 1972, *PG*

24   MITTERRAND CULTIVATES HIS GARDEN

*Vendredi 2 novembre**

Benoîte et moi nous jardinons. Avec Paul, son mari, notre ami, elle passe deux jours à Latche,* en renfort. Confessons-le, mes plantations de l'an dernier m'invitaient à l'humilité. Rien à dire sur les dahlias, cosmos, marguerites et zinnias qui n'ont besoin que d'amitié, mais l'aster nain est tellement nain qu'il a disparu de ma vue, le cassis reste stérile, ne parlons pas des capucines dévorées par les pucerons et le figuier n'a produit qu'une feuille que j'ai ramassée le matin du 15 août. Tandis que les deux jardins de Benoîte, le provençal et le breton, quel triomphe! Pour ma défense, je pourrais incriminer le soleil ou la pluie dont l'alternance tout à fait anarchique a dérangé bien des projets. Mais les fleurs de mon voisin, de l'autre côté de la clairière, sont si belles que je dois renoncer à prétendre que les embruns* du golfe de Gascogne n'ont noyé que mes plates-bandes.

Comme nous sommes scrupuleux, nous avons débarqué dans les Landes en prévision de la Sainte-Catherine.* Mieux vaut planter avant l'hiver. Quand viennent les premiers tressaillements de la sève la vie obscure de la terre a déjà accompli son œuvre, lié la motte, nourri le grain. Fin février on court le risque d'arriver trop tôt ou trop tard. Ce n'est pas boulevard Saint-Germain que quelque chose dans le ciel, une douceur sur la peau, une qualité de silence vous avertiront que la nature va se retourner sur elle-même.

Benoîte, qui m'est à la fois recours et rivale, a le succès modeste. Pelle en main, son comportement s'apparente à celui de l'auxiliaire qu'un employeur aurait recruté par pure bonté d'âme. Mais il faudrait que je fusse aveugle pour ne pas constater au bout d'une matinée que des droits garantis par la Constitution, j'ai perdu celui de planter ce que je veux là où je veux. Cependant, j'obtempère. D'abord j'ai besoin d'elle. Ensuite il serait imprudent de poser prématurément le problème du rôle de la femme dans la société moderne. Enfin, elle a toujours raison.

Quelle science! Elle connaît tous les catalogues qu'elle ouvre d'un doigt sûr, à la bonne page, les compulse, les sonde, compare, hésite, m'oublie et tranche. Elle pousse la prévenance jusqu'à noter de son écriture enroulée les espèces et les variétés avec, en face, dans une colonne, le prix à l'unité et dans une autre le prix à la douzaine. Cela ressemble à un poème. Je vois déjà s'ouvrir au fil de son stylo les anémones du Japon, blanches, si blanches autour du pistil vert, si vert, lui-même cerclé d'un anneau jaune, si jaune, ou bien mauves, rose tendre au cœur noir, les gaillardes royales qui sont autant de petits soleils pourpre et or, les delphiniums dont la tige penchera lourde de fleurs légères, les hémérocalles plus sensibles qu'une plaque photographique, et surtout la clématite Président bleue («c'est son nom, je n'y peux rien», s'excuse Benoîte) qui vit d'amour plus que d'eau fraîche.

L'après-midi, conseil de guerre. A son ordre du jour: la production de mes arbres fruitiers. J'ai récolté cette année un quarteron* de pommes et des poires, pour mémoire. De cerises, de pêches, de prunes, de brugnons, point. On tombe d'accord: la difficulté est de localiser l'ennemi. Le cantonnier,* qui s'intéresse à mes travaux, accuse le vent d'ouest, le vent salé. J'aurais, selon lui, implanté le verger (vingt arbres) au plus mauvais endroit possible, là où se glisse par l'échancrure des collines le courant d'air malin. Le pépiniériste prêche la patience et réserve son jugement, dit que mes arbres sont trop jeunes et qu'il faut attendre que les racines atteignent la nappe phréatique.* Félix, l'Espagnol, penche pour les parasites et recommande l'insecticide. Le voisin, qui est à la fois cultivateur et charpentier, n'a que deux mots à la bouche: les bouvreuils.* On se range à son avis bien que le pépiniériste fasse observer que les bouvreuils n'ayant de goût que pour la fleur de pêcher et la fleur de prunier, la question reste à moitié sans réponse. Je les ai vus, au début du printemps, ces jolis voleurs au ventre rouge, s'abattre sur la lande et décortiquer les bourgeons. Après quoi ils frottaient leur gros bec conique pour le nettoyer de la gomme et sifflaient de contentement. Je sais où ils habitent, derrière la maison, à la lisière de la forêt. Ils fabriquent leur nid avec de petites branches qu'ils garnissent de mousse et de lichen. Ce sont des oiseaux familiers. Ils se posent sur le rebord des fenêtres et regardent de profil ce qui se passe à l'intérieur. Rien ne les dérange que les chiens, qui ne sont pas du même monde.

Le maire, qui est en tournée,* se joint à nous, y va de son diagnostic et donne tort et raison à chacun. Au terme de son discours je discerne mieux mon bonheur, ma chance, mon privilège d'avoir obtenu de mes arbres le peu dont je me plaignais. Car s'il arrive qu'un bourgeon échappe au vent, au gel, aux parasites, au bouvreuil (le maire ajoute «et aux engrais»), pour, miracle, fleurir, fou serait celui qui s'en réjouirait avant d'avoir croqué le fruit. Plus prompts que lui seront le merle et l'étourneau.* Avez-vous écouté le merle chanter dans le silence qui sépare le départ de la nuit du lever du soleil? Quand le soliste attaque les premières notes un concerto pour flûtes lui répond. Ce sont les merles du canton qui célèbrent la naissance du jour. Ils seront plus discrets au petit matin lorsqu'ils plongeront, ailes filantes, sur les œuvres vives du jardin. Le mâle a le bec jaune cru et la femelle le bec brun mais un égal appétit les habite. Au moindre bruit ils s'égaillent, volant à ras du sol, se postent dans les fourrés* avec vue sur le festin interrompu et reviennent l'alerte finie. L'étourneau, moins mélomane, cultive un don singulier. Comme son lointain parent, le mainate,* il imite. On croit entendre, par exemple, l'innocent loriot* ou bien le sifflement de la bouilloire sur le feu, erreur, l'étourneau s'amuse. Je le reconnais à coup sûr avec son plumage sombre aux reflets pourpres, piqué de blanc en hiver. Coureur de bonnes occasions, nomade amateur de joies sédentaires, il voyage en bandes bruyantes qui ne laissent rien derrière elles à l'étape.

Contre l'avis du conseil de guerre je n'ai pas le cœur de recourir aux armes à feu ou, pis encore, à la traîtrise des pièges. Benoîte, qui, dès qu'on aborde le domaine des idées générales, rallie le camp des pacifistes, m'approuve. Le dilemme n'en est pas moins cruel: les oiseaux ou les fruits? Pour l'éviter quelqu'un suggère les épouvantails. Il y a le modèle ancien, faux vagabond, bras en croix, et chapeau rabattu sur un manche à balai, liquette flottante,* dont la potence se dresse où il y a du grain à piller. Plus modernes sont les rouleaux de plastique qu'on trouve par ici, troués à intervalles réguliers par les machines de l'usine de Soustons* pour la découpe des pots de yaourt qui portent jusqu'au Japon la renommée de la région. Dépliés ils servent d'ornement ou de clôture dans les jardins, épousent le vent, scintillent au soleil et chassent les oiseaux qui n'ont pas encore identifié la chose. Il existe aussi des filets qui enserrent les ramures et donnent aux vergers l'aspect d'une devanture de coiffeur pour dames.* Les assaillants dont le bec est trop court pour atteindre, à travers les mailles, les bourgeons désirés, se résignent aux baies sauvages. Après examen du pour et du contre nous nous accordons l'hiver pour réfléchir.

La journée passe ainsi. Reste à composer le terreau.* Benoîte procède à de savants mélanges qu'elle apprête comme elle le ferait d'une sauce (les gourmets qu'elle reçoit à sa table savent de quoi je parle). Non seulement les plants s'y nourriront d'éléments plus riches que n'en possède le sable, mais encore le terreau maintiendra le taux d'humidité nécessaire à l'imprégnation des oignons et des radicelles.* Planter est une cérémonie. Benoîte dispose et moi j'arrose. Un à trois litres par spécimen. L'eau de la maison sent le fer et, à moins de cent mètres, celle de l'atelier sent le soufre. La ronce pousse ici, mais pas là. Le pin refuse de grandir sur ce versant alors qu'il prospère sur l'autre. L'épais tapis de fougères qui couvre le sous-bois de la dune s'arrête à la frontière du baradeau* tandis qu'une herbe haute et pauvre envahit la parcelle voisine. Allez vous y reconnaître! L'expérience seule est reine qui apprend à connaître la nature des eaux et le régime des vents. Penché sur une graine le visage lisse de Benoîte a dix mille ans.

2 November 1973, *PG*

25 CHANCELLOR KREISKY'S POLITICAL ANECDOTE

*Vendredi 15 février**

L'autre soir, à Vienne, le chancelier Kreisky* m'a conté cette histoire: Karl est fil-de-fériste. Il peut rester une bonne matinée assis ou debout en équilibre sur un fil de fer tendu à plusieurs mètres au-dessus du sol. Mais son ami Johann le défie d'y demeurer toute une journée. Vexé, Karl augmente les enchères et prétend que non seulement il tiendra le temps qu'il voudra, mais encore sur un pied. «En jouant du violon?» dit Johann. «D'accord pour Mozart», répond Karl.

Le lendemain, Karl s'exécute, monte sur le fil, se balance sur un pied, prend un violon, joue du Mozart et, pour faire bonne mesure, s'installe là une semaine. Quand il descend, pari tenu et largement, Johann, loin d'applaudir, se tait. «Eh bien, qu'en penses-tu?», dit Karl. «Si tu veux que je sois franc, dit Johann, cela ne valait pas Yehudi Menuhin.»

J'ai savouré comme il convient cet apologue sur les difficultés du pouvoir. Il servira à qui voudra.

15 February 1974, *PG*

26 A MEETING WITH BREZHNEV

(i)

*Samedi 26 avril**

Moscou. Des deux mains Leonid Brejnev* me serre les épaules puis il m'entraîne dans son bureau, passe son bras sous le mien jusqu'au siège où il me conduit et va s'asseoir en face, de l'autre côté d'une longue table avec à sa gauche Boris Ponomarev et l'interprète. Charles Salzmann qui m'a suivi se place, à ma droite, en retrait. Il me fera plus tard le récit de la conversation telle qu'il l'a perçue, puisqu'il comprend le russe et n'a rien perdu des inflexions de voix, des nuances du vocabulaire. D'un interphone qui se trouve à portée de Brejnev sortent de temps à autre des appels nasillards, métallisés par l'appareil. Il répond de bonne humeur mais, à la troisième sonnerie, lance à la cantonade: «On se demande ce qu'ils feraient sans moi!» Ponomarev sourit sans voir. Brejnev enchaîne d'une voix basse sur un monologue passionné où il est question de la paix, de son amour pour la paix, de sa volonté de paix: «Vingt millions de morts voilà le prix, pour nous, de la dernière guerre. Mais si l'on compte les morts, on ne compte pas les chagrins, les misères, les maisons détruites, les champs abandonnés, le travail perdu, l'énergie détournée, on ne compte pas le temps qu'il faut pour refaire un pays pour faire un homme. Ceux qui disent en Occident que la détente n'est pour nous qu'un artifice diplomatique, une tactique de circonstance, vous trompent. Nous ne ferons la guerre que si l'on nous y force.» Il s'arrête et m'interroge: «Me croyez-vous?» Sa conviction porte, émeut. Suffirait-il d'une tirade pour régler les affaires du monde? J'hésite à ratifier la réponse qu'il attend de moi. «Laissez-moi réfléchir. Je désire vivement vous croire.» Il se lève d'un mouvement brusque, vient vers moi, ouvre sa veste, simule de deux doigts le mouvement de ciseaux et s'exclame: «Vous ne me croyez pas? C'est comme si vous me coupiez les bretelles.» Sur un petit meuble des photographies s'entassent en vrac. Il en choisit une qu'il me tend:

lui, en jeune officier. Puis une autre: on le reconnaît, monté en grade,* commandant de compagnie, peut-être de régiment. D'autres encore, en général. «J'ai vu la guerre de trop près. On ne peut que la haïr.» Son visage s'éclaire. Il regarde une photographie de grand format, un peu figée, tirée à l'évidence dans un studio professionnel et qui le représente en civil, avec un beau chapeau de feutre à bord rabattu sur le front. «Je n'étais pas mal, hein, à vingt ans!» Et tourné vers ses compagnons: «Ils n'aiment pas que je la montre. Mais quoi! on peut vivre sans uniforme.» Il me fixe droit dans les yeux: «Vous êtes un camarade de combat. Je sais ce que vous avez fait, je connais votre guerre. Ceux qui ont vécu cela doivent se comprendre. Partout où vous irez, à Léningrad, en Ukraine, en Uzbekistan, interrogez les gens, voyez-les au travail. Notre peuple consent un formidable effort pour produire, créer des richesses, assurer son bien-être. Qu'on ne nous oblige pas à fabriquer indéfiniment des armes de plus en plus sophistiquées, de plus en plus coûteuses pour défendre notre sécurité.» Assis de nouveau entre Ponomarev et l'interphone qui continue de grésiller, il parle ainsi près d'une heure. Parfois il me pose des questions sur la France: «Votre pays, nous l'aimons, ici. Beaucoup de choses sont venues de lui. Mais s'intéresse-t-il aux idées, aux événements du dehors?» Et, comme l'a fait Souslov,* il aligne des statistiques, des chiffres à la gloire du peuple russe.

J'ai connu deux sortes de Russes, ou plus exactement de Russes soviétiques, les uns raides, glacés, chevaliers d'un parti dont l'appareil est une armure qui les tient droits même couchés. Les autres, vifs, spontanés, passant du rire à la colère, de la colère au rire, tapant sans transition sur la table, sur le ventre, obéissant à des humeurs énormes dont on aperçoit après coup, que leurs variations ne s'écartent guère des règles dialectiques. Khrouchtchev* appartenait à la seconde espèce. Gérard Jacquet* qui participait, à Moscou, en 1963, à la délégation de la S.F.I.O. reçue par le parti communiste d'Union soviétique, se souvient qu'à la fin d'un long et copieux déjeuner, Khrouchtchev avait narré dans le détail les difficultés qu'il avait recontrées après sa dénonciation des crimes de Staline. «Malgré mes efforts, avait-il soupiré, un courant stalinien persiste dans le Parti, même au plus haut niveau.» Et, désignant d'un geste circulaire les Soviétiques présents, parmi lesquels une dizaine de membres du Bureau politique et du Comité central dont Kossyguine, Podgorny, Ponomarev, il avait ponctué: «Des staliniens? Il y en a partout.» Les autres, muets et gênés, prenaient des notes. [. . .]

Moins excentrique, moins provocant que son prédécesseur, Brejnev est de la même famille. Il éprouve, il exprime. Mais cette aisance à communiquer, cette chaleur, je les perçois aussi comme un mode subtil d'occuper le terrain entre soi et les autres, sentinelles postées à bonne distance du retrait d'où chacun épie le spectacle du monde. Il y a derrière tout ce bruit une attention et un silence. Je lui demande: «Pourquoi ces troupes et ces armes massées sur le sol de l'Europe? Et ces fusées pointées sur nos villes? Nos spécialistes n'en ont jamais dénombré autant et d'une telle puissance de feu. L'état des forces de l'OTAN* dans ce secteur ne justifie pas pareil surarmement. Cela affaiblit votre thèse.» Il élude et repart dans une charge contre ce qu'il appelle la menace allemande. Quant aux États-Unis, il est visible qu'il regrette Nixon.* Brejnev voudrait savoir à qui parler.

Puis il change de conversation pour décrire avec une sorte de lyrisme un avenir plein d'investissements, d'équipements, d'échanges, de conquêtes scientifiques, de merveilles techniques, de pouvoir d'achat. «Me croyez-vous?» S'il interrogeait à nouveau, je dirais oui, sans doute, maintenant. Une intuition. Plus forte que le saisissant dossier que m'a fourni Charles Hernu* sur la concentration des armées soviétiques en direction de l'Occident. Comme tous les papes de transition, Brejnev s'attache à la durée – et il dure – , s'arc-boute sur le temps – et il tient. Tirant son pouvoir de l'instabilité, il l'exerce par l'équilibre. Mais il n'est pas de long règne immobile. Hors du mouvement le roi tombe. Brejnev le sait, qui doit par de rapides ajustements

contenir la poussée libérale, venue des marches de
l'Empire* et qui gagne de proche en proche, cette formidable
envie de changer de siècle, d'oublier que tout fut dit dès
1917,* de hâter la venue d'autres mots, d'autres modes,
peut-être d'autres concepts ou, plus simplement encore, de
vivre hors de l'Histoire, de rêver sur le pas de sa porte, de
trouver en soi-même l'ébauche d'une réponse, de crier ce
n'importe quoi qui passe par la tête et vient d'on ne sait où,
d'échapper à l'œil vide du dieu qui pense à tout. Le printemps mort à Prague ouvre les fleurs de l'ombre au soleil du
dedans. La terre éclate à vouloir imposer les lois de
pesanteur à la sève qui monte. L'homme seul à Moscou, à
Budapest, à Varsovie peut désormais parler plus haut que les
tours du silence. Sa voix se fait tumulte, on l'entend de
partout. Les miradors* n'y peuvent rien. Oui, quelque chose
me dit que Brejnev sait. En dépit de Soljenitsyne,* je doute
que le goulag soit encore un système dans un système qui
doute de soi. D'où le recours à l'équilibre. Un de mes amis
allemands me confiait récemment qu'il ne s'inquiétait pas
outre mesure de la présence massive des divisions russes au
voisinage de son pays. «Il faut bien, disait-il, que Brejnev
occupe ses généraux.» Car l'armée veille. Elle s'inquiète des
convulsions qui secouent l'un après l'autre, exceptée la
Bulgarie, les pays satellites. Elle s'irrite des reculs de
l'influence soviétique en Afrique, en Asie, d'une certaine
incapacité à combler les temps morts de la présence
américaine. Elle se fait conscience du Parti face aux
diversions de l'eurocommunisme. Après Thermidor, les
capitaines se prennent à rêver. Mais Brejnev est là, dont la
carrure et la sagacité bloquent encore les mécanismes de
l'Histoire. La postérité, qui dédaigne le plus souvent les
hommes de transition, accordera, à celui-là, une place de
choix. Clore une révolution sans la compenser par la guerre
n'est pas donné à tout le monde.

26 April 1975, AA

(*ii*)

*Lundi 28 avril**

Nous discutions depuis le début de la matinée. Quand la pendule sonna la première heure de l'après-midi on commençait autour de la table de conférence à regarder en l'air. Des bouts de conversation s'ébauchaient entre voisins. Visiblement les Russes avaient tout autant que nous envie de bouger et de passer dans la pièce à côté où nous attendait un déjeuner conforme aux traditions d'hospitalité du Kremlin. Ce fut le moment que choisit l'un des délégués soviétiques, économiste et académicien, pour annoncer un exposé dont le titre arrondit sa bouche autour d'un O gourmand: le *grossplan*. Souslov, impassible, acquiesça. L'effroi se lut sur les visages. Ah! ce déjeuner! Puis la résignation. On entendit alors la voix neutre de Ponomarev: «Rassurez-vous, chers camarades, le camarade académicien n'en a pas pour longtemps. Moins de trois heures assurément.» Le *grossplan* expédié en moins de dix minutes, nous levâmes le siège.

Encore Ponomarev. En quittant le Kremlin il m'a raccompagné à mon hôtel. A cette heure de pointe, la circulation bloquait les carrefours. Il s'est penché vers moi et m'a dit en confidence: «Le camarade Souslov vous a parlé de nos rapides progrès dans beaucoup de domaines. Il a oublié celui-ci: comme vous le constatez, nous avons nos embouteillages.»

28 April 1975, *AA*

27   THE SLATE ROOFS OF CHÂTEAU-CHINON

*Lundi 3 novembre**

A Château-Chinon,* je m'efforce de préserver, quand elles valent qu'on s'en occupe, les traces du passé. Elles sont à vrai dire assez rares dans ce pays que se sont disputé avec acharnement rois de France et ducs de Bourgogne. Après la mort du Téméraire,* la guerre s'acheva dans un champ, à trois lieues à l'est de la ville. Au hasard d'une fortune changeante, vainqueur et vaincu n'ont laissé derrière eux que des cendres. Château-Chinon a bien flambé cinq ou six fois. Du château il ne reste rien et de la vieille cité pas grand-chose. Tout de même ces maisons de pierre dure et grise pressées sur le flanc d'une haute colline, ces rues étroites qui épousent encore le dessin médiéval, ces voûtes, ces fontaines qui ont pris la couleur de la terre et du ciel d'automne comme on n'en voit qu'en pays celte, ont besoin d'être protégées. Jadis les toits étaient de chaume, mais la paille de seigle que brise la moissonneuse est devenue luxe coûteux. La tuile plate qui lui a succédé a commencé de reculer au dernier siècle et n'apparaît plus aujourd'hui qu'en bordure du Morvan. C'est l'ardoise qui règne maintenant, dont l'évidence saute aux yeux. Question d'accord et de décor, bref d'harmonie, avec le grain des choses alentour. Maire de la ville, j'ai donc arrêté qu'on ne couvrirait plus qu'en ardoise, en véritable ardoise d'Anjou. Cause contestée, on le devine. On voulait bien d'un faux-semblant, d'une imitation, «shingles» ou «eternit», mais le prix de l'ardoise effrayait. En dépit de ses doutes, mon conseil municipal tint bon. Et bientôt les plus récalcitrants comprirent qu'ils gagneraient sur la durée et se mirent à aimer ce beau matériau qui donnait à leur toit l'éclat et la pérennité.

Ce fut une autre affaire avec mes féodaux, je veux dire l'administration, la banque, les entreprises publiques. E.D.F.* posa sur ses charpentes le «shingles» prohibé. Le Crédit agricole étala une tuile brunâtre. Les Ponts et Chaussées, plus timides, demandèrent une dérogation.* J'ai fait sauter la tuile, et si je subis encore le «shingles» je refuse la dérogation. Du coup, on menace de transférer ailleurs les crédits. L'Hôtel des Finances risque de demeurer en suspens parce que le procédé industriel choisi à Paris suppose un toit d'aluminium. Idem pour l'extension de l'hôpital. Et je suis à moitié fâché avec l'Éducation nationale qui a cerné le collège d'enseignement secondaire d'une clôture misérable. A mon obstination, «Respectez l'unité de ma petite ville», me répond l'entêtement «Nous n'avons pas de quoi payer vos fantaisies». Voilà où j'en suis de ma nouvelle guerre.

A Nevers, mes voisins sont déjà dotés d'un hôtel des Postes innommable en plein quartier d'un délicieux baroque. L'immeuble récent de la Trésorerie générale figurera au catalogue du musée universel de la laideur. Taisons-nous enfin, par décence, sur l'énorme pâté de saindoux* qu'un triste charcutier a sculpté sur le bord de la Loire pour y célébrer le sport et la culture. Ainsi de proche en proche la France qu'a cessé d'aimer son État, n'est-elle plus qu'un bidonville. De ce que la pierre, le béton ou le verre expriment, quand un peuple a de l'esprit, on ne saura bientôt plus rien.

3 November 1975, *AA*

28   A CELEBRATION OF THE USA

(*i*)

*Lundi 8 décembre**

Le scénario est maintenant rituel. Dès mon arrivée sur la rotonde de Roissy,* la petite troupe des journalistes se précipite, les flashes m'aveuglent, les questions s'emmêlent. Je sors du flot des voyageurs que la bousculade irrite ou amuse. Claude Estier* nous entraîne vers une zone moins turbulente de l'aéroport et là implore mes visiteurs de ne point parler tous ensemble. J'entends enfin une question: «Que pensez-vous de l'Amérique?»

Comment répondre, faut-il répondre? Les caméras m'observent, gros œil dont la rétine alimente la mémoire collective de mes contemporains. J'avais naguère tendance à prononcer chaque mot ramassé par ces machines comme s'il était définitif. J'ai mis du temps à me déprendre de ce travers, qui n'allait pas sans vertu. Mais quelque humilité que m'ait enseignée la pratique du quotidien, déclarer tout de go, en quarante secondes, ce que je pense de l'Amérique, je ne m'en sens pas le courage. Au départ de New York, c'était déjà la même histoire. Alors que, valise en main, je m'engageais dans le tourniquet de l'hôtel, un reporter du *Herald Tribune* m'avait crié: «Monsieur, vite, vite! que pensez-vous de l'Amérique?» Et revoici maintenant Claude Estier qui, depuis une semaine, me relance pour *L'Unité*: «Écrivez-nous ce que vous pensez de l'Amérique.» Eh bien! je n'en ai pas envie.

En voyage, je note sur des bouts de papier qu'il m'arrive souvent de perdre, le choc que me procurent un mot, une image. J'utiliserai plus tard ces gribouillis, si l'occasion m'en est donnée, quand les éléments d'un sujet, d'un portrait se seront ordonnés dans la région profonde où l'esprit s'organise. Je n'ai pas encore relaté ma randonnée à Cuba, l'an dernier, ni Fidel Castro, mon compagnon d'une semaine; je raconterai un jour, pour peu que j'en éprouve le besoin, Brandt* rêvant tout haut dans le train de Stuttgart. Mais l'anecdote m'ennuie, séparée de l'Histoire.

D'un pays comme d'un être, j'en sais plus dans l'instant que ne m'apprendront les années. Je me méfie pourtant de l'intuition, science de ceux qui bougent: le vrai savoir est sédentaire. Bref je m'en tire comme je peux, arrachant aux agitations successives de ma vie, sa terre et son eau, le silence.

Je suis allé cinq fois aux États-Unis d'Amérique. Je n'y étais pas retourné depuis sept ans. J'y suis resté six jours. J'ai discuté une heure et demie avec Henry Kissinger,* déjeuné, dîné, petit-déjeuné avec quinze à vingt parlementaires, ceux dont on dit qu'ils comptent, parlé devant les journalistes du *National Press Club*, les diplomates et les hommes d'affaires du *Council of Foreign Relations*, ces bancs d'essai des politiques. J'ai aimé ce pays où chacun va à la rencontre du passant et ouvre grand sa porte. J'ai aimé ce pays sans mesure. A Washington, j'ai profité d'un moment de répit pour remonter la vallée du Potomac. Quelques kilomètres au-delà des faubourgs et j'entrais dans la Virginie d'*Autant en emporte le vent*. Sous un ciel aussi pur qu'au jour de la Genèse, la splendeur de l'été indien prêtait à la forêt, au fleuve, à la prairie des couleurs d'incendie. [. . .] Je retrouvais avec force le sentiment que j'avais éprouvé lors de mon premier séjour en 1946: l'Amérique reste à conquérir.

J'avais, à cette époque du moteur à hélices, traversé sur un DC 3 le désert du Colorado. Cela avait duré des heures. Quoi, l'Amérique, cette terre vide, ce satellite abandonné? A Palm Springs, où vient en week-end la *gentry* de Los Angeles, si l'on sort de la pelouse où l'on vous sert le thé, on vous recommande: attention aux serpents, ils tuent. A Las Vegas, on doit prendre garde, en pleine ville, à ne pas s'aventurer au dehors du trottoir. L'automobile d'un côté, le scorpion de l'autre: marchons droit. Au nord de Seattle, et franchissant la frontière du Canada, un épais massif montagneux attend ses explorateurs. Je ne connais ni le Texas ni la Louisiane. [. . .] Mais, pour l'Amérique, tout voyageur a les yeux de Christophe Colomb. On y part à la découverte. La mienne fut l'espace.

Le dernier soir, nous avons contemplé New York du soixante-cinquième étage du Rockefeller Center. Si l'expression poésie pure a un sens, c'est bien là. La géométrie de cette ville a les dimensions, le rythme d'un poème. Au-dessous de nous s'ouvraient les entrailles de la terre entre les pans de murs des villes englouties. Le jeu des ombres et des lumières absorbait jusqu'à l'idée que l'homme eût existé. Je m'étonnai d'avoir vu le matin à l'entrée d'East River se lever un vol de canards, des colverts.* Ils avaient traversé sans s'y mêler une nuée d'étourneaux, juste à la croisée des eaux douces et des eaux salées.

Je goûtai que le mouvement des saisons continuât de commander l'ordre des choses.

8 December 1975, AA

(ii)

*Mercredi 17 décembre**

Décrire l'Amérique (j'ai fini par m'y résoudre) pour parler de canards sauvages virant de bord à cent à l'heure, à la poupe de Manhattan, on y verra de la désinvolture. Qu'on me pardonne si j'insiste. Ce n'est pas d'aujourd'hui que le vol des oiseaux sert à déchiffrer le destin et j'ai lu dans celui-là d'autres signes que la mort du temps. L'Amérique est au début de quelque chose qui prend de court l'imagination. Trop de coups reçus font qu'elle se tasse dans son coin, comme un boxeur sonné. Les questions qu'hier elle se posait semblent s'être effacées dans la grisaille d'un formidable uppercut: plus de Noirs en colère, pas de luttes de classes, la Maffia transformée en agence de voyages, l'Université dans ses meubles je veux dire à la nursery. Mais attendez qu'elle se redresse, qu'elle avance au milieu du ring. Je ne donne pas cher du décor de carton ni des potiches du vestibule. Mes amis savent que j'aimerais écrire l'histoire chimique des sociétés. Dans les entrailles de l'Amérique les poches de grisou vont sauter.*

17 December 1975, *AA*

29 'JE SUIS ET RESTE DE MA PROVINCE'

*Lundi 20 mai**

Samedi nous avons dîné d'une tranche de jambon et d'un fromage blanc à l'auberge d'Anzy-le-Duc, en Brionnais, dont Paul Duraffour, maire et député de l'endroit, nous a fait les honneurs – et quels honneurs: l'un des plus beaux clochers romans d'un pays qui n'en manque pas. La conversation paisible et lente, douze autour de la table – et ce je ne sais quoi qui vous met hors du temps, odeur de toile cirée remontée de l'enfance, timbre de la pendule, calendrier des postes, densité du silence lorsque les voix se taisent et que l'on continue d'écouter en soi-même – nous avait attardés. Nous rejoignions, minuit passé, les voitures garées à distance du bourg, le long du mur qui clôt le parc des Duraffour, et nous marchions le nez en l'air, aspirés par la nuit laiteuse, quand le rossignol a chanté. Un rossignol par une nuit de mai, direz-vous, et pourquoi pas le clair de lune et la brume sur les fonds? La lune était haute en effet et la brume qui noyait les fonds dessinait des îles avec les boqueteaux et les bosses du haut plateau que la poussée des monts du Lyonnais bascule à pente douce sur Charolles.

Je suis et reste de ma province. Mon écriture s'en ressent comme on a un accent. Par exemple, je tire fierté d'appeler les arbres par leur nom, les arbres, les pierres, les oiseaux. Ma science me suffirait si je savais identifier tout être et toute chose. Las, autant dire que je balbutie! Mais je cherche. Cette exigence perdue, je saurai où j'en suis, inutile de m'avertir.* La mort n'est-ce pas l'ultime confusion?

Or, j'hésitais: l'oiseau qui célébrait là-haut l'effacement de la terre devant la montée de l'espace, ce pouvait être la fauvette ou la grive musicienne,* ces tendres messagers des sacres du printemps. Depuis des années, je ne me souvenais pas d'avoir entendu un rossignol chanter. On croit communément que le rossignol ne chante que la nuit. Erreur. Mon oreille est pleine des trilles éclatants qu'il lançait aux heures chaudes de la journée dans la Saintonge* d'autrefois. Avait-il disparu en même temps que les haies, victime du remembrement? Ou fui la chimie des engrais qui souille l'eau jusqu'à la nappe phréatique? Non. Cette plénitude quand point l'angoisse des ciels parfaits, cette conscience tragique du bonheur, impossible de s'y tromper. Debout sur le chemin, nous avons écouté le rossignol d'Anzy-le-Duc. Orgueil, ivresse, pureté. Pas un de nous n'a bougé, n'a parlé. Quand il s'est tu, nous sommes restés un long moment à contempler la nuit aussi brillante qu'au mois d'août, sphère éclatée du monde originel.

24 May 1976, AA

30 'A LATCHE [. . .] JE ME DÉFAIS DE LA POLITIQUE EN CHANGEANT DE VÊTEMENT'

*Jeudi 1er avril**

Je termine ce soir le bref séjour à Latche* que m'ont permis ces fausses vacances de Pâques. J'ai tant besoin de paix que je n'ai pas bougé de la clairière. Les voisins sont venus me

voir. Nous avons parlé du beau temps. Dans la disposition
où je suis quiconque essaierait de m'entraîner sur le terrain
de l'élection du parlement européen au suffrage universel
ou du XXIIe congrès du parti communiste* perdrait sa peine.
Je me défais de la politique en changeant de vêtement. Si je
laisse vaquer mon esprit au gré des sollicitations du petit
monde qui m'environne je saurai mieux, de retour à Paris, ce
que je dois, ce que je veux. La nouvelle saison, d'une douceur
extrême, ranime lentement les torpeurs de l'hiver, prolongé
cette année d'un bon mois. A la qualité du silence j'avais
pressenti ce retard lors d'un passage ici début mars. Je me
trompe rarement sur ces choses. Il y a comme un vacarme
intérieur dans l'élancement de la vie. La semaine dernière,
les après-midi atteignaient vingt degrés, mais au petit matin
le thermomètre baissait au-dessous de zéro. Résultat, hors
quelques primevères et les touffes de jonquilles semées sous
les magnolias, ma tournée de fleurs a été décevante. Du
côté du verger, pis encore. Seuls les pommiers gardent leur
chance que me disputeront cet été le merle et le bouvreuil.
Trompeuse latitude! Mieux vaudrait planter en Lorraine ou
dans la plaine du Nord. La saison y est moins traîtresse. Mais
où respirerais-je aussi bien? Nulle part l'expression fond de
l'air ne traduit plus exactement que sur la côte de Gascogne
une réalité physique. Nous y sommes au ras de l'espace.
Cinq mille kilomètres d'eau nous séparent de l'Amérique,
un million d'hectares de pins, de chênes, de houx et
d'arbousiers nous protègent des villes. Et notre clairière, la
nuit, touche le ciel.

1 April, 1977, *AA*

31   ON THE COMMERCIAL DEVASTATION OF FRENCH
FORESTS

*Dimanche 17 avril**

J'aime la forêt. Mon itinéraire de vie me conduit, me
ramène de la forêt des Landes à celle du Morvan.* Quand

un voyage me le permet, je n'oublie jamais le détour par Tronçais, par Bellème ou par la Margeride. Selon l'humeur, c'est Rambouillet que je préfère, quand ce n'est pas une autre, toutes les autres, Chantilly ou Fontainebleau, la Sologne de mes ancêtres ou la Double de mon enfance. On composerait un poème à tracer sur le papier le nom, simplement le nom, des forêts de Chaource et de la Dombe, de Brocéliande et de la Chaise-Dieu. Ce que j'y trouve, il me faudrait de longues heures pour l'exprimer en quinze lignes.

Mais ce n'est pas de moi qu'il s'agit. J'ai vu disparaître en trente ans la forêt celte du Morvan. Je représente ce pays. Je n'ai rien pu faire pour le défendre. Que faire contre la coalition de la loi, de l'administration et de l'indifférence? Se battre assurément. Pour éveiller l'opinion, j'ai multiplié les débats, les colloques, pris part aux rares groupes et comités qui tentaient l'impossible. Le conseil général de la Nièvre a consacré des sessions à l'étude de ce problème, appelé en consultation les meilleurs spécialistes, engagé sa responsabilité financière dans des projets de sauvegarde. Paris n'a jamais répondu que par bordées d'axiomes.* Économie, économie d'abord! A quoi bon ces chênes qui exigent un siècle pour la maturité, ces hêtres dont la fibre refuse de s'intégrer aux techniques rentables de la cellulose, ces frênes, ces charmes, ces trembles, ces bouleaux?* Chaque semaine, par centaines d'hectares, la forêt de lumière tombe sous l'assaut des scrapers. Place aux résineux. Que dire aux petits propriétaires du cru? De 1946 à 1973, le fonds forestier a réservé ses primes et ses prêts aux plants qui poussent vite. Vite, vite, la terre et la sève et le bois doivent plier le cycle des mûrissements au rythme de l'homme pressé. Les grandes compagnies achètent nos collines, rasent nos horizons. J'ai reçu de ma banque parisienne un prospectus qui me vantait le profit à tirer de la prochaine tonte de la forêt de la Gravelle, voisine de Château-Chinon. L'Office national des forêts encourage le mouvement. Son plan à court terme consiste à détruire cent vingt-six mille hectares de feuillus* pour leur substituer de la pâte à papier. A long terme (mais qu'est-ce que cinquante ans?), cinq cent mille. On ne s'inquiète ni du débit des sources ni de l'acidité des sols, ni du climat qui change, ni du gibier qui fuit, ni des oiseaux qui se sont tus. On a râpé la roche du Beuvray: j'y ai cherché en vain la trace des chemins creux que bordaient – jusqu'à une date récente – les hautes souches de la hêtraie, mémoire d'une histoire plus vieille que César.

A la belle saison, ce sont les hélicoptères qui surgissent. Ils lâchent la chimie sur l'odeur du printemps comme ce personnage d'un fait divers dont le plaisir était de dresser ses chiens à mordre les enfants. Nous devons aux techniques de la guerre du Viêt-nam cette nouvelle façon de tuer nos arbres. Un peu de vent et le défoliant saupoudrera les champs, se mêlera aux eaux pluviales déjà lourdes d'engrais, altérera le lait des vaches, déposera une pellicule grisâtre sur les fruits du jardin. Le maire ne l'apprendra qu'au bruit de l'appareil.* A moins qu'il n'eût reçu au courrier du matin une lettre à la signature illisible qui annonçait cette visite. C'est ainsi que les choses se sont passées l'an dernier dans un village de la Nièvre.

Partout, la forêt meurt. Et le boqueteau, la haie, l'espace vert. L'autoroute, la ville, les professionnels de l'argent et, plus encore, le simple goût d'anéantir l'œuvre du temps, d'affirmer un pouvoir sur l'humble ordre des choses, de tirer du fugace le sentiment de l'éternel, précipitent l'événement.

Ceux qui me lisent savent que je n'entonne pas à mon tour le couplet à la mode, que j'aurais plutôt tendance à répéter un refrain dont ils retrouveront l'argument dans mes chroniques antérieures. Mais il est vrai qu'au moment où l'on doutait d'être entendu, le chœur écologiste a poussé la note plus haut et que cette trompette-là commence d'ébranler le Jéricho-béton.

17 April 1977, *AA*

MITTERRAND SINCE 1981

32 THE FINAL TELEVISION BROADCAST OF THE 1981 CAMPAIGN

Françaises, Français, avant de terminer ce soir cette campagne présidentielle,* je répondrai à trois questions qui préoccupent un certain nombre d'entre vous. La première question est celle-ci: Si vous m'élisez dimanche Président de la République, que se passera-t-il dans les semaines qui suivront? Ma réponse sera simple, je nommerai un Premier ministre, avec lui je constituerai le Gouvernement, et ce Gouvernement sera formé de femmes et d'hommes qui auront soutenu mon action ou qui auront rejoint mes options politiques. Pourquoi? Parce que le Gouvernement de la République doit être cohérent pour agir. Nous serons alors à la fin du mois de mai. Aussitôt après, j'engagerai une vaste consultation avec les organisations syndicales, ouvrières, patronales, cadres, avec la Fédération de l'Éducation nationale,* avec les organisations agricoles, artisanales, commerciales, avec les Mutuelles,* avec les grandes associations familiales, culturelles, écologistes. Je leur demanderai notamment leur avis sur la réduction du temps de travail, ses moyens et ses conséquences. De son côté, le Gouvernement ne perdra pas une minute pour prendre les mesures économiques et sociales nécessaires à la relance pour lutter contre le chômage. Entre-temps, faute de pouvoir faire autrement, je dissoudrai l'Assemblée nationale dont la majorité aura été désavouée par l'élection présidentielle. Et les élections législatives auront lieu, dans ce cas, conformément à la Constitution, dans un délai de vingt à quarante jours: ce seront les organisations politiques, les partis qui auront préparé les élections. Je demanderai pour ma part au pays de donner à la majorité présidentielle son prolongement parlementaire, et c'est vous, Françaises et Français, qui déciderez. Nous en serons alors au 28 juin. Ainsi seront scrupuleusement respectées les règles de notre démocratie.

Deuxième question. Qu'y a-t-il de vrai dans les affirmations de M. Giscard d'Estaing, ces derniers jours, au sujet de mon programme? Je n'hésite pas à le dire, tout est faux. Je sais que déferle sur la métropole et l'outre-mer une vague de calomnies, nous nous trouvons devant des manœuvres électorales que je vous laisse le soin de qualifier. Je méprise ces méthodes. Mais il' n'est pas vrai que je veuille taxer le logement et les résidences principales, il n'est pas vrai que je me propose d'augmenter les droits de succession* en ligne directe, alors que précisément je veux au contraire les réduire, à l'exception des grandes fortunes. Il n'est pas vrai que je veuille m'en prendre à la retraite des cadres. Il n'y aura pas de déplacement de la cotisation vieillesse, et je préserverai les régimes complémentaires.* Il n'est pas vrai que je veuille nationaliser la médecine et les pharmacies. Il n'est pas vrai que je veuille abandonner les départements d'Outre-Mer, alors que je prêterai plus d'attention encore à leur condition d'existence comme à celle de tous les Français. Je suis engagé devant vous par mon programme présidentiel* et par lui seulement. Mon concurrent a le droit de le critiquer, il n'a pas le droit moral et politique de le déformer. Il serait déplorable que la campagne électorale s'achève autrement que dans la dignité. Quoi, le Président de la République de demain sera à l'évidence l'un des deux candidats d'aujourd'hui. Nous avons l'un et l'autre la même obligation: assurer l'avenir de la France dans l'unité des Français.

La troisième question est celle-ci: peut-on changer de politique sans changer de Président? Il suffit pour y répondre de regarder ce qui s'est fait pendant sept ans, de faire le compte des engagements non tenus, de comparer les promesses d'aujourd'hui à celles de 1974, et on ne peut guère attendre, espérer du même homme, pour demain, que les mêmes échecs et les mêmes défaillances. La voix populaire nous crie: sept ans, cela suffit. Et il est vrai que quatorze ans ce serait courir trop de risques. Quels Français, je vous le demande, auraient à perdre au changement? Pensez-vous qu'un jeune, fille ou garçon, qui termine ses études aura plus de chances de trouver un emploi si la même politique continue? Pensez-vous qu'un travailleur, homme ou femme de cinquante ans, aura plus de chances d'échapper au chômage si la même politique continue, pensez-vous qu'un petit épargnant aura plus de chances de sauver ses maigres revenus, si la même politique continue? Pensez-vous qu'un consommateur aura plus de chances de garder son pouvoir d'achat si la même politique continue? J'arrête là mon énumération, il n'y a rien de plus à attendre du candidat sortant.

Je vous propose cinq objectifs: vaincre le chômage, relancer l'économie, construire une société plus juste, plus libre, plus responsable, restaurer la vigueur et l'indépendance de la France, défendre la paix dans le monde. Élu Président de la République, je serai l'homme de la réconciliation, s'il le faut, du rassemblement, du dialogue. Dans la fidélité à mes engagements. J'entendrai les forces syndicales, toutes les forces syndicales, les partis politiques, tous les partis politiques et les mouvements de pensée. Je m'efforcerai de rétablir notre unité dans un grand élan de renaissance nationale.

Françaises, Français, en ce jour du 8 Mai,* anniversaire de la victoire, de la liberté sur l'oppression, du courage sur la résignation, je me présente à vos suffrages. Sûr de vous, sûr que vous agirez comme vous l'avez toujours fait aux grandes heures de notre histoire.

8 May 1981, *P2*

33 'NOUS AVONS TANT À FAIRE ENSEMBLE'

Cette victoire* est d'abord celle des forces de la jeunesse, des forces du travail, des forces de création, des forces du renouveau qui se sont rassemblées dans un grand élan national pour l'emploi, la paix, la liberté, thèmes qui furent ceux de ma campagne présidentielle et qui demeureront ceux de mon septennat.

Elle est aussi celle de ces femmes, de ces hommes, humbles militants pénétrés d'idéal, qui, dans chaque commune de France, dans chaque ville, chaque village, toute leur vie, ont espéré ce jour où leur pays viendrait enfin à leur rencontre.

A tous je dois et l'honneur et la charge des responsabilités qui désormais m'incombent. Je ne distingue pas entre eux. Ils sont notre peuple et rien d'autre. Je n'aurai pas d'autre ambition que de justifier leur confiance.

Ma pensée va en cet instant vers les miens, aujourd'hui disparus, dont je tiens le simple amour de ma patrie et la volonté sans faille de servir. Je mesure le poids de l'Histoire, sa rigueur, sa grandeur. Seule la communauté nationale entière doit répondre aux exigences du temps présent. J'agirai avec résolution pour que, dans la fidélité à mes engagements, elles trouvent le chemin des réconciliations nécessaires. Nous avons tant à faire ensemble et tant à dire aussi.

Des centaines de millions d'hommes sur la terre sauront ce soir que la France est prête à leur parler le langage qu'ils ont appris à aimer d'elle.

J'ai une autre déclaration brève à faire. A M. Giscard d'Estaing que je remercie de son message, j'adresse le vœux que je dois à l'homme qui, pendant sept ans, a dirigé la France. Au-delà des luttes politiques, des contradictions, c'est à l'Histoire qu'il appartient maintenant de juger chacun de nos actes.

10 May 1981, *P2*

34 'IL N'Y A QU'UN VAINQUEUR LE 10 MAI 1981, C'EST L'ESPOIR'

En ce jour* où je prends possession de la plus haute charge, je pense à ces millions et ces millions de femmes et d'hommes, ferment de notre peuple, qui, deux siècles durant, dans la paix et la guerre, par le travail et par le sang, ont façonné l'histoire de France sans y avoir accès autrement que par de brèves et glorieuses fractures de notre société.* C'est en leur nom d'abord que je parle, fidèle à l'enseignement de Jaurès,* alors que, troisième étape d'un long cheminement, après le Front populaire* et la Libération, la majorité politique des Français, démocratiquement exprimée, vient de s'identifier à sa majorité sociale. Il est dans la nature d'une grande nation de concevoir de grands desseins. Dans le monde d'aujourd'hui, quelle plus haute exigence pour notre pays que de réaliser la nouvelle alliance du socialisme et de la liberté, quelle plus belle ambition que de l'offrir au monde de demain? C'est en tout cas l'idée que je m'en fais et la volonté qui me porte, assuré qu'il ne peut y avoir d'ordre et de sécurité là où régnerait l'injustice, où gouvernerait l'intolérance. C'est convaincre qui m'importe, et non vaincre. Il n'y a qu'un vainqueur le 10 mai 1981, c'est l'espoir. Puisse-t-il devenir la chose de France la mieux partagée.* Pour cela, j'avancerai sans jamais me lasser sur le chemin du pluralisme, confrontation des différences dans le respect d'autrui. Président de tous les Français, je veux les rassembler pour les grandes causes qui nous attendent et créer en toutes circonstances les conditions d'une véritable communauté nationale.

J'adresse et je renouvelle mes vœux à M. Valéry Giscard d'Estaing, mais ce n'est pas seulement d'un homme à l'autre que s'effectue cette passation de pouvoirs. C'est un peuple qui doit se sentir appelé à exercer les pouvoirs qui sont, en vérité, les siens.

De même, si nous projetons nos regards hors de nos frontières, comment ne pas mesurer le poids des rivalités d'intérêts et les risques que font peser sur la paix de multiples affrontements? La France aura à dire avec force qu'il ne saurait y avoir de véritable communauté internationale tant que les deux tiers de la planète continueront d'échanger leurs hommes et leurs biens contre la faim et le mépris.

Une France juste et solidaire, qui entend vivre en paix avec tous, peut éclairer la marche de l'humanité. A cette fin, elle doit compter sur elle-même.

J'en appelle ici à tous ceux qui ont choisi de servir l'État. Je compte sur le concours de leur intelligence, de leur expérience et de leur dévouement.

A toutes les Françaises et à tous les Français, au-delà de cette salle et de ce palais, je dis: ayons confiance et foi dans l'avenir.

Vive la République, vive la France!

21 May 1981, *P2*

35 'IL FAUT PRODUIRE, ET PRODUIRE PLUS, ET PRODUIRE MIEUX'

Françaises, Français de métropole et d'outre-mer.

Fidèle à la tradition qui veut que le chef de l'État offre ses vœux à la nation à l'occasion du Nouvel An, je vous présente ce soir* ceux que je forme pour la France.

Comme la plupart des pays du monde, nous venons de vivre une année difficile.

La crise, qui jusqu'alors frappait l'Europe, s'aggrave aux États-Unis d'Amérique, gagne le Japon, dévaste le tiers-monde. Elle est universelle.

Prise dans la tourmente, la France, mieux que les autres, a soutenu à la fois sa croissance, son budget, sa lutte contre le chômage. Plus que les autres, elle a défendu le pouvoir d'achat des moins favorisés. Plus tard que les autres, elle a réduit, mais pas assez, son inflation. Elle s'est moins bien comportée que les autres sur les marchés extérieurs. Voilà la vérité.

Au total, en dépit de remarquables réussites – notre

agriculture, par exemple, qui en 1982 a connu ses meilleurs résultats depuis bientôt dix ans, le renouveau industriel entrepris par le gouvernement et qui commence à porter ses fruits, – au total, notre production et nos échanges demeurent insuffisants, trop d'hommes et de femmes parfois désespérés attendent un emploi et, je n'hésite pas à le dire, trop d'injustices pèsent encore sur les plus faibles.

Et pourtant, de ce tableau sans complaisance, je tire les raisons de ma confiance pour l'avenir. Ce que l'on appelle la politique de rigueur* n'est qu'une épreuve de vérité. Elle met en pleine lumière les aspérités du terrain et montre à tous l'itinéraire pour en sortir, car nous en sortirons, pour le bien de la France. A cette fin, je vous propose quatre objectifs prioritaires pour 1983.

D'abord la jeunesse. J'attends du gouvernement qu'il prolonge son action pour que tous les jeunes de dix-huit à vingt-cinq ans soient pourvus d'une formation ou d'un métier. Pas de jeunes sans formation professionnelle: je souhaite que ce mot d'ordre rassemble à bref délai les initiatives publiques et privées.

Deuxième objectif, la famille. Jamais elle n'a reçu pareil soutien qu'au lendemain du mois de mai 1981.* Eh bien! retrouvons cet élan. Mais je considère, quant à moi, que l'aide au deuxième puis au troisième enfant représente pour nous un devoir national.

Troisième objectif, la solidarité. Quiconque est seul dans la vie, quiconque est pauvre, quiconque souffre d'être parmi les sans-travail, rencontrera, je vous l'assure, une société plus fraternelle.

Solidaire est l'œuvre du gouvernement, auquel on doit: la retraite à soixante ans, la cinquième semaine de congés payés, l'aménagement du temps et des cadences de travail, les droits nouveaux aux travailleurs, l'affirmation réitérée des droits des femmes, les nouvelles facilités pour l'installation des jeunes agriculteurs, les chèques-vacances,* l'aide accrue aux personnes âgées et aux handicapés. Il faudra continuer, sans confondre le souhaitable et le possible. Mais, je le répète ici, il n'y aura pas de redressement national sans le préalable de la justice sociale.

Quatrième objectif, et qui commande tous les autres, l'entreprise. Bon! je vais dire une fois de plus ce que j'ai dit cent fois: il faut produire, et produire plus, et produire mieux. Mais à cela, trois conditions. Modérer les charges sociales et financières*, reconnaître leurs responsabilités à tous les travailleurs, inventer, investir, savoir vendre pour être compétitif.

D'où l'importance du Plan, ce IXᵉ Plan* qui redeviendra, grâce à nous, l'ardente obligation qu'il n'aurait pas dû cesser d'être.

Grands travaux, Exposition universelle, moyens de transport et de communication modernes, ultra-modernes, automobiles, métro, Airbus, T.G.V., réseaux câblés*, satellites, ordinateur individuel, financement public dans les secteurs de pointe pour conquérir des marchés, économies d'énergie, recherche fondamentale et recherche appliquée à la mécanique, à l'électronique, à la médecine.

Francaises, Français.

Nous avons de quoi faire, si nous avons l'envie, la volonté de réussir en sachant avancer à la mesure de nos moyens. Alors, ensemble, parce qu'il faut qu'on soit ensemble sans se laisser détourner par des querelles inutiles, alors, ensemble, nous allons travailler à ce que s'épanouissent dans leurs diversités les vertus créatrices de ce grand peuple qui est le nôtre.

Mais comment parler de la France sans regarder autour de nous? 1983 verra, sur le sol de l'Europe, les deux super-puissances s'arranger ou surarmer. Je m'en tiens à cette règle d'or: l'équilibre des forces dans le monde et en Europe est la plus sûre invitation à la sagesse. Paix, équilibre, telle sera en tout cas, dans cette rude partie qui s'engage, la politique française.

Quoi qu'il en soit, nous ne laisserons à personne le soin d'assurer à notre place notre sécurité et notre indépendance.

Aussi ai-je donné l'ordre – toute politique est un choix –

de renforcer nos moyens de dissuasion,* sur lesquels repose la défense du pays.

Mais puisque j'ai prononcé le mot sécurité, je précise qu'il s'applique aussi bien à l'intérieur qu'à l'extérieur, il n'est pas de compromis quand la communauté nationale est en cause.

Le rayonnement de la France est grand dans le monde, dans cette Europe qu'il faut construire, dans cet immense tiers-monde qui a confiance en nous.

Nous en avons besoin pour que notre parole soit entendue partout où la guerre et l'oppression se substituent aux droits de l'homme. Je pense à l'Afghanistan, au Liban, à la Pologne, à tant de peuples d'Amérique latine et à tous ceux que l'on étouffe et que l'on brise.

Ce soir, ce sera mon souhait de bonne année, un vœu de liberté et d'espérance pour les autres et pour nous-mêmes.

Oui, Françaises et Français, bonne année!

Vive la République!

Vive la France!

31 December 1982, *M*

36 'LA RIGUEUR ÉCONOMIQUE, LA JUSTICE SOCIALE'

MITTERRAND: Ce qui est vrai, c'est que lorsque nous étions dans l'opposition* nous n'imaginions pas autant qu'il eût fallu le délabrement de nos structures profondes. [. . .] La plupart des grands experts américains, allemands, et les autres, attendaient pour 1982 au moins un début d'amélioration de la situation, de reprise comme on dit. Eh bien! moi j'ai fait comme tout le monde, et dès que nous nous sommes aperçus que, contrairement aux grands experts internationaux et français, cela* n'était pas raisonnable, que cela était retardé pour des raisons faciles à comprendre, c'est-à-dire, on peut le dire sans procéder à des attaques inutiles contre les États-Unis d'Amérique, à compter du moment où ils ont maintenu un déficit budgétaire colossal, et qu'ils ont voulu maintenir, par nécessité, un taux d'intérêt réel de l'argent excessif, le plus lourd qu'on ait connu depuis 1930, et dans des proportions inimaginables! – le dollar a tout absorbé, non seulement parce que c'est la monnaie étalon* mais aussi parce qu'il est apparu comme une valeur refuge. Aussitôt, de toutes les parties du monde, et particulièrement de l'Europe, pas simplement de la France, les capitaux sont partis, qui plutôt que d'investir dans la reprise, y compris dans la reprise américaine, ont spéculé, ont joué sur la valeur de l'argent. Ce retard a été pris, nous n'en sommes pas responsables, nous la France, mais bien entendu, nous devons bien tirer les conséquences de cet état de choses.

Comme on lui dit: 'La rigueur,* vous n'aimez pas', *le président de la République répond:* Ne parlons pas de nos vies personnelles; je dirais simplement que je ne suis pas quelqu'un qui aime s'abandonner. Aucun des actes de ma vie depuis ma jeunesse ne pourrait prouver le contraire. Je crois au courage, et je crois à l'effort, et d'une certaine façon, je suis convaincu que toute rigueur, dans le vrai sens du terme, est nécessaire pour conduire une vie privée, une vie publique, une vie individuelle et une vie collective.

Il ajoute: Nous n'allons pas bâtir une théorie sur la nécessité de la rigueur économique lorsque cela n'est pas nécessaire, bien qu'il faille toujours veiller sur soi et sur ses choix, et dire que la période d'abondance a peut-être trop laissé la France interdite devant* l'effort à faire le jour où cette abondance a cessé. En somme, nous étions mal préparés à cette guerre économique qui s'est perpétuée et qui prend aujourd'hui un tour plus vif encore. Mon ambition est de conduire la France vers ce redressement national et, par là même, de retrouver une production plus puissante, une croissance réelle, de sortir de cette ornière des 0 pour cent, des 0.5 pour cent, des 1 pour cent; pas tout de suite. Voilà pourquoi dans une prévision raisonnable on doit penser que cette rigueur, qui se traduit par un effort fiscal [. . .], doit nous permettre de déboucher – je me garde un peu de ces pronostics qui se sont révélés dans les années précédentes généralement inexacts – dans les dix-huit mois qui viennent,* du moment où le monde occidental aura véritablement repris la route de la croissance.

M. Mitterrand affirme aussi son accord avec M. Delors* pour estimer que: au travers des mesures quotidiennes [. . .] il y a quelque chose que les Français doivent percevoir: au-delà des faits quotidiens se dessine un avenir pour eux et pour leurs enfants, et que c'est à cela que nous travaillons. Je crois que la France mérite qu'on pense à elle, et mon rôle est de penser parfois pour beaucoup d'autres; enfin que les Français comprennent les raisons des sacrifices qui leur sont demandés; et moi je crois qu'ils les comprennent.

M. Mitterrand poursuit: Il y a des politiques différentes, selon que l'on est issu des partis conservateurs d'opposition ou que l'on parle au nom de la majorité élue il y a deux ans,* [. . .] mais pour la gauche – pour employer cette expression, puisqu'elle est simple, – pour les partis qui se trouvent, à l'heure actuelle, au gouvernement et dans la majorité de l'Assemblée nationale, il n'y a qu'une voie possible. Cette voie possible distingue profondément [cette majorité] des propositions faites par les partis conservateurs.

Les objectifs sont simples à définir; tout le monde le sait; cela pourrait paraître banal. Encore faut-il aligner sa politique sur ces objectifs. Il faut, à tout prix, réduire l'inflation. A tout prix. C'est ce que nous avons fait: une inflation à 14 pour cent, réduite, aujourd'hui, à un rythme d'environ 9 pour cent et qui doit s'arrêter à 8 pour cent à la fin de cette année pour atteindre 5 pour cent seulement l'année prochaine, sans quoi seront en péril tous les autres équilibres.

– *C'est la priorité?*

– C'est une priorité, car nous devons veiller, [. . .] dans ce couple infernal que représentent, depuis toujours, l'inflation et le chômage, à ce que notre effort de lutte contre l'inflation n'ait pas pour résultat un autre déséquilibre, une sorte de récession; car combien d'industries ne sont pas préparées à cesser de vivre dans l'inflation? Nous devons donc adapter exactement notre effort à la réalité, mais en tenant compte de l'objectif que je viens de rappeler. Sans quoi, le chômage risquerait de faire des progrès immenses, et notre devoir est de préserver la priorité de l'emploi.

– *Deux millions cent mille chômeurs, prévoit M. Delors pour la fin de cette année.*

– C'est un homme compétent, il intervient en connaissance de cause.

Ce qui était extraordinaire, c'était la situation antérieure, où nous avions le maximum d'inflation – toujours aux environs de 10 pour cent, avec des montées jusqu'à 14 pour cent [. . .] – et en même temps, une montée certaine vers le chômage, qui nous [aurait mis], aujourd'hui, aux alentours des deux millions cinq cent mille; c'est-à-dire, tous les inconvénients, tous les dangers à la fois.

On a donc réagi. [. . .] Aucune comparaison véritable ne peut être établie entre la politique antérieure, dite de droite – et qui l'est – et la politique dite de gauche – et qui l'est, aussi. [. . .] Que l'on soit de quelque partie de l'horizon politique que l'on veuille, de toute façon il faut gérer sérieusement. Il faut avoir des aptitudes de gestionnaire; les partis représentés au gouvernement, et le gouvernement lui-même, et chacun des responsables de l'administration sont tenus à ce sérieux. Quand on a dû prendre une responsabilité de pouvoir, après tant et tant d'années d'absence, il a fallu se dominer pour parvenir à gérer. C'est le cas, aujourd'hui, et déjà depuis de nombreux mois. [. . .]

Il ne faut pas dépenser plus qu'on ne gagne, [. . . ni] consommer en achetant tout à l'étranger; ce sont les règles toutes simples. [. . .] Il faut respecter un certain nombre de grands équilibres. Mais toute la différence [par rapport aux politiques d'avant 1981] et elle est essentielle, est dans le fait que, premièrement, la rigueur demandée aujourd'hui doit être toujours assortie d'un effort considérable de justice sociale. Il faut qu'il y ait justice dans l'effort. On ne peut pas demander toujours aux mêmes – aux mêmes groupes socio-professionnels et aux mêmes personnes – de supporter l'effort, après trois révolutions industrielles. Ce n'est pas possible,

La justice dans l'effort et la justice dans la répartition du produit national, c'est une donnée fondamentale, de la même façon que ce qui distingue [deuxièmement] la politique d'aujourd'hui, c'est cette donnée également simple: priorité à l'avenir. Il faut pouvoir investir [. . .] à la fois pour tenir l'emploi, pour retenir la progression du chômage – c'est ce que fait le gouvernement, avec beaucoup de constance et de courage, et de réussite – et [pour] préparer l'avenir, car c'est, à la fin de ce siècle, et même bien avant, l'investissement d'aujourd'hui qui assurera à nos enfants une situation économique de compétition, ou, le cas échéant, de compétition victorieuse avec les grands pays industriels du monde.

28 June 1983, *M*

37   INDUSTRIAL MODERNIZATION

Mesdames et messieurs, m'adressant à vous*, je m'adresse aux Français, particulièrement à ceux qui souffrent durement de la crise, et je leur dis: l'avenir de la France passe obligatoirement par la modernisation de son industrie et par la formation, tout de suite, de millions de femmes et d'hommes pour qu'ils exercent de nouveaux emplois dans le même métier ou dans un autre.

Ou bien la France sera capable d'affronter la concurrence internationale, et elle assurera du même coup son indépendance et sa prospérité, ou bien elle sera tirée vers le bas et elle ira vers son déclin.

Cette bataille, nous sommes en train de la gagner dans des secteurs tels que les moyens de transport, l'espace, l'aéronautique, les chemins de fer, le métro, les télécommunications, l'énergie nucléaire, l'agro-alimentaire, le logiciel – ou, si vous voulez, l'intelligence ou le programme que l'on met dans les ordinateurs, – toutes industries où nous sommes parmi les trois premiers du monde. Nous étions en train de la perdre en 1981, pour l'industrie du bois, du cuir, de la machine-outil, du textile, de la chimie, de l'ordinateur lui-même. Nous avons réagi, nous remontons la pente, mais elle reste indécise, comme elle l'est pour l'automobile, les chantiers navals, l'électronique ou la sidérurgie.

Quel que soit le cas que l'on examine, rien, rien, et dans aucun domaine, ne sera durablement acquis si l'on ne réunit pas les deux conditions nécessaires: la première est qu'il faut produire des biens d'égale ou de meilleure qualité que les autres, à des prix au moins égaux à ceux des autres, ce qui nous oblige à construire un instrument industriel moderne sans lequel nous ne vendrons pas les marchandises que nous aurons produites; la deuxième, je l'ai dit, est qu'il faut tout de suite former la main-d'œuvre qualifiée qui fera tourner cette industrie moderne.

C'est à quoi, mesdames et messieurs, je suis résolu.

Mais j'ai parlé de la sidérurgie qui se trouve aujourd'hui au cœur d'un grand débat national, qui pose aux travailleurs qui en vivent, aux régions où ils vivent, au pays tout entier, un dramatique problème. Là-dessus, comme pour le reste, je ne laisserai rien dans l'ombre.

Dans quelle situation se trouve donc cette industrie? Je la décrirai sous trois aspects: industriel, financier et social.

Aspect industriel: notre capacité de production actuelle est de 26 millions de tonnes. Le projet gouvernemental l'a réduite légèrement: un peu plus de 25 millions de tonnes; c'est du même ordre. La production en 1983 a été de 17,5 millions de tonnes qui seront portés à 18,5 millions cette année et l'année prochaine, donc une production accrue. Chaque usine prise isolément s'en tire, mais, au total, on ne s'y retrouve pas parce qu'il n'y a pas assez de débouchés*.

Vous savez, bien entendu, puisque vous êtes là, que la consommation* baisse dans le monde et en France, qu'on emploie moins d'acier pour toute une série de biens fabriqués, je pense à l'automobile, dans certains cas cela peut aller jusqu'à 40 pour cent de moins qu'autrefois, et vous savez également que nombreux sont les pays qui n'avaient pas de sidérurgie et qui, aujourd'hui, fabriquent de l'acier à bas prix.

Aspect financier: de 1966 à 1981 – retenez bien ces chiffres – cinq plans* ont été consacrés à la sidérurgie, *cinq*. Ils ont engagé en francs constants, à la valeur actuelle du franc, plus de 60 milliards. Entre 1981 et 1983, 17 milliards nouveaux ont été engagés. En 1983, les deux grandes entreprises nationalisées* qui ont succédé aux entreprises privées qui recevaient, à perte, les milliards précédents ont perdu 10 milliards. Elles en perdront autant en 1984. Et c'est l'État, la collectivité nationale, les contribuables,* qui assurent la différence, directement ou indirectement.

Or, en 1980, puis en 1982, décision renouvelée, la Communauté économique européenne a interdit toute subvention à partir de 1986, ce qui veut dire que, même si la France demande – et elle le demandera – et obtient – je pense qu'elle l'obtiendra – que cette mesure soit reportée en 1987, à partir de cette date il ne sera plus possible de compenser les déficits, et la sidérurgie coulera sans recours.*

N'était-il pas nécessaire – je considère que c'était un devoir – de ne pas attendre, de prévoir un plan qui pût parvenir dans les quatre ans à venir, en comptant cette année, 1984, 1985, 1986, 1987, à l'équilibre?

Aspect social et régional: on employait 150 000 travailleurs dans la sidérurgie en 1966–1970, 110 000 en 1981 et même un peu moins. Aujourd'hui 90 000. Et comme cette industrie est concentrée sur quelques zones,* sur quelques points que vous connaissez, cela suppose des régions dévastées; j'en parlerai dans un moment.

Face à cette situation, qu'a donc prévu le gouvernement au cours d'un récent conseil des ministres? Quel est ce plan tant débattu, tant discuté, tant contesté, et on en comprend les raisons?

D'abord, des dispositions* industrielles sur la base d'investissements nouveaux, par exemple à Sacilor-Sollac, Dunkerque, à la SAFE, près de Pompey, à Hayange,

Valenciennes, Longwy, à Neuves-Maisons*, des modernisations qui permettront une production compétitive, mais
qui supposent, en raison de ces modernisations mêmes, des
suppressions d'emplois, et deux sites, celui de Rombas en
Lorraine et celui de Fos dans les Bouches-du-Rhône, qui se
trouvent frappés en plein cœur.

Dispositions financières: on consacrera, en raison de ce
plan, à la sidérurgie, entre 1984 et 1987, 27 à 30 milliards de
francs, en plus de ceux dont j'ai parlé, dont 15 milliards
d'investissement, à l'intérieur desquels 7 milliards pour la
Lorraine.

Des dispositions sociales: la première, évidente, considérable: s'il y a 21 000, 25 000, 27 000, je ne sais, suppressions
d'emplois, il n'y aura pas un licenciement.

Les travailleurs se verront proposer deux issues
différentes:

La première, les préretraites* en raison du dispositif
prévu déjà dans le cadre de la sidérurgie et les congés-
conversion,* dont le premier ministre a souvent parlé et qui
consistent à ce que tout travailleur frappé par une suppression d'emploi, et non pas licencié, restant donc attaché
à l'entreprise où il se trouve, pourra pendant deux ans se
former à des technologies nouvelles, y compris, bien
entendu, des technologies dans la sidérurgie même, mais
aussi dans toutes disciplines industrielles utiles.

Deux ans, me direz-vous, c'est bien long. Mais ces deux
ans ont été édictés* non pas pour supposer que les travailleurs devaient retourner à l'école pour deux ans et quel que
soit leur âge, non, mais pour que l'on soit assuré qu'après
cinq mois, six mois, sept mois, selon la capacité, selon
l'intérêt, selon la commodité de telle ou telle forme de
technologie, chaque femme ou chaque homme qui béné-
ficiera d'un congé de conversion puisse trouver un travail. Si
au bout de six mois, on est formé, il n'est pas dit qu'il n'y
aura pas là, à proximité, l'entreprise capable de le recueillir,
de l'employer et de lui donner une nouvelle chance.

Voilà pourquoi deux ans, ce qui veut dire que l'on

s'engage, dans les deux ans qui viennent, à transférer où à créer dans les régions sinistrées – je pense d'abord à la Lorraine – assez d'entreprises nouvelles pour que les créations d'emplois se multiplient enfin.

Mais on dira, et je m'en expliquerai s'il le faut, n'y a-t-il pas déjà trop longtemps que les travailleurs de la sidérurgie, que la Lorraine elle-même, attendent une réponse à la question dont je viens de dire qu'elle est posée depuis dix-sept ou dix-huit ans? Tant de responsables s'y sont usés, s'y sont brisés, pourquoi réussirait-on cette fois? C'est à cela que je vais m'appliquer, mesdames et messieurs. Je veux m'y appliquer d'abord en faisant des propositions, ensuite en y mettant toute l'énergie, toute la patience et la ténacité dont je suis capable.

Je considère que, pour moi, c'est un devoir primordial qui passe avant beaucoup d'autres et les deux ans qui viennent doivent permettre au gouvernement de la République de mettre en œuvre ce que le chef de l'État a ou aura décidé. Je ne multiplierai pas les propositions. Je n'ai pas voulu réunir un dossier de propositions sur le papier; j'ai voulu marquer une volonté, une volonté politique, et prévoir un minimum de structures pour que soient enfin productives les décisions anciennes ou récentes, accumulées au cours des temps, et qui doivent apporter à la sidérurgie les remèdes dont elle a besoin.

Je désire, à cet effet, que le ministre de l'industrie et de la recherche, à la tête d'un ministère qui doit désormais devenir celui du redéploiement industriel, rassemble dans ses mains, sous l'autorité du premier ministre, des pouvoirs exceptionnels qui lui permettront de mettre en œuvre le plan de restructuration, sous tous ses aspects: les implantations d'entreprises, les créations d'emplois, les aides économiques, les congés-conversion, la protection sociale, les équipements universitaires, le désenclavement,* bref, tout ce qui doit concourir à doter les régions victimes, meurtries et saccagées – et je pense d'abord à la Lorraine – des moyens de renaître, et non pas au siècle prochain, mais maintenant, dans les mois – j'allais dire les jours, les semaines . . . – qui viennent.

Il faut pour cela, notamment en Lorraine, que soit établi un lien vivant, un lien actif entre les chercheurs, les formateurs, les chefs d'entreprise, les organisations syndicales et les pouvoirs publics. [. . .]

Je veux dire: les facilités accordées pour les entreprises – et quand je dis 'entreprises', j'entends tous ceux qui participent au travail de ces entreprises et qui doivent participer plus encore aux profits de ces entreprises: l'exonération de la taxe sur les plus-values, l'exonération de l'impôt sur les revenus placés sur un fonds commun de placements à risques,* termes qui paraîtront barbares, que les spécialistes éclaireront tout de suite, mais qui veulent dire tout simplement que, pour les entreprises non cotées en Bourse,* il sera possible d'apporter de l'argent frais, exonéré des impôts dont je viens de parler, afin qu'il aille directement non seulement dans toute la France, car cette mesure est nationale, mais, par l'effet de l'action gouvernementale et du ministre en question, d'abord dans les régions dites 'pôles de conversions'.

D'autres mesures ont été prises: la possibilité, pour les salariés, pour les cadres, d'acheter des actions* dans l'entreprise où ils travaillent, la déduction, du bénéfice imposable, des pertes de l'entreprise absorbée par une nouvelle entreprise dans les zones de reconversion, la possibilité qui sera donnée à chacun de ces chefs d'entreprises d'aller là, sans être surchargé par les pertes de l'entreprise qu'il vient de reprendre. D'autres choses encore; l'amortissement* réduit à un an lorsqu'il s'agit de dépenses liées à la création, à des opérations de recherche, touchant à l'utilisation de logiciels informatiques.

Oui! c'est là que la formation se fera, c'est là que s'ouvre la nouvelle ère industrielle, non seulement pour l'électronique elle-même, et l'informatique en particulier, mais dans toutes les industries traditionnelles; il n'y aura de salut que par cette modernisation que j'évoquais pour commencer.

Sans oublier l'aspect universitaire. C'est, je le disais à l'instant, du lien entre les chercheurs, l'Université et les industriels, que naîtra la solution. On le constate dans bien des pays étrangers; pourquoi ne pas le faire? A Metz, une filière électronique,* avec micro-électronique, informatique. A Nancy, productique,* automatique industrielle. Trois IUT*: à Metz encore – informatique – à Longwy – génie thermique – à Nancy, génie électrique. Sur les sept projets retenus pour la France entière dans le budget présent, deux iront en Lorraine, qui seront équipés dans les conditions que je viens de dire.

Il faudra accroître les mesures de désenclavement pour que la Lorraine soit ouverte davantage sur l'Europe, et c'est pourquoi on devra accélérer les démarches déjà entreprises avec les pays voisins pour que le TGV, par exemple, à partir de notre capitale, et en passant par la Lorraine, puisse joindre les grands pays voisins, notamment l'Allemagne et Francfort.

Mesdames et messieurs, en m'exprimant de la sorte, je mesure l'ampleur de ma responsabilité. Puisque les choses sont ainsi et que, finalement, il m'est échu d'arbitrer entre des propositions également difficiles, je vous pose cette question: peut-on consacrer des subventions à des entreprises déficitaires, et dans de telles proportions – plus de 60 milliards, 17 milliards, 27 milliards . . . faites l'addition . . . en dix-huit ans – pour la même industrie, concentrées dans les mêmes régions, tandis que les difficultés de l'emploi existent partout en France et qu'une région comme le Languedoc-Roussillon, dont on parle trop peu, dispose aujourd'hui d'un pourcentage de suppressions d'emplois supérieur à la Lorraine?

Peut-on consacrer des subventions à ces entreprises déficitaires, je veux dire éternellement – mais là, le terme est fixé par la Communauté européenne, à laquelle nous appartenons, que nous n'avons pas l'intention de quitter: 1987 . . . après, plus rien! – ou doit-on plutôt consacrer ces crédits, et d'autres encore, à des technologies d'avenir, y compris, bien entendu, dans la sidérurgie? Je pose cette question à toute femme, à tout homme raisonnable qui m'écoute à l'heure actuelle en France: est-ce qu'on peut continuer comme cela?

Mais comment pourrais-je en même temps oublier, m'exprimant de la sorte, que cela se traduit pour des dizaines de milliers de travailleurs, par l'angoisse, l'incertitude? Sont-ils condamnés? Je leur dis non, mais il m'appartient de le démontrer dans les deux ans qui viennent et à partir d'aujourd'hui même.

Voyez-vous, nombreux sont ceux qui, appartenant au monde ouvrier, celui des cadres, travailleurs de l'industrie, m'écoutent en cet instant. Je veux qu'ils soient juges, je leur parle avec confiance et j'attends d'eux qu'ils me rendent cette confiance. Comment n'imaginerais-je pas que c'est dur, presque insupportable? Je comprends la colère, mais il faut expliquer, il faut faire appel, là, spécialement parmi ces travailleurs, mais aussi parmi les autres, à la raison, à la sagesse, à l'intérêt national et aux évidences que je viens de développer.

Oui, je veux qu'ils soient juges. Doit-on continuer ce qui a été fait depuis dix-huit ans sans succès, ce qui ne peut pas être continué après 1987, ou vaut-il mieux prévoir, s'organiser dès 1984? Pour inventer, créer, innover, installer, particulièrement en Lorraine, le nouveau flux industriel qui assurera la renaissance, toutes les mesures sociales sont prises, ils le savent, et cela ne suffit pas; il ont là leur métier, ils ont là leur maison, ils ont là leur famille, ils l'aiment, ils y sont attachés; j'ai le devoir de les aider et je les aiderai. A travers cette formule personnelle, j'engage assurément le gouvernement, l'administration, tous les pouvoirs publics. C'est pourquoi, à la suite des paroles qui sont prononcées cet après-midi, les actes, dès demain, se multiplieront. Il ne m'appartient pas d'en donner le détail, je connais mon devoir et je dois le remplir.

Je ne peux pas dire aux Français que l'on va vivre sur ce pied-là, des milliards et des milliards chaque année, à perte.

Si ces milliards sont justifiés, et ils le sont quand il s'agit de sauver des métiers, des avenirs, pour ceux qui vivent aujourd'hui et aussi pour leurs enfants, alors je leur dis, avec le gouvernement, avec tous ceux qui voudront: bâtissons, et nous y consacrerons l'argent qu'il faut, l'énergie aussi, c'est encore mieux, et si possible l'intelligence, pourquoi pas encore la volonté de servir et d'aider cette classe ouvrière meurtrie à chaque tournant de cette triste histoire?

Oui, je les fais juges. Ce n'est pas pour rien qu'au travers des quinze années précédentes j'ai lutté pour qu'ils reçoivent enfin leur dû, tout simplement la justice. C'est la même politique, avec les mêmes objectifs, mais qui comporte des obstacles différents et devant lesquels il faut agir différemment. [. . .]

Et que tous, nous contribuions, chacun à sa façon, à prendre en compte l'immense difficulté, la grande détresse vécue par des milliers et des milliers de nos compatriotes, dans les régions victimes de la crise sidérurgique ou de la crise charbonnière.

C'est ma pensée constante. Ce sera désormais mon action principale.

4 April 1984, *M*

38 'JE PLAIDE POUR LA FIDÉLITÉ'

On peut être pour ceux qui sont au gouvernement et on peut être contre, c'est la loi de la démocratie. Bien entendu, j'ai mes préférences,* et vous les connaissez. Je trouve, par exemple, qu'on ne rend pas justice autant qu'il le faudrait à l'actuelle majorité. Eh oui! à l'actuelle majorité tant combattue, mais qui assainit chaque jour l'économie, qui, par sa lutte victorieuse, pour la première fois depuis si longtemps, contre l'inflation, se donne les moyens d'accroître le pouvoir d'achat des Français et particulièrement des travailleurs, qui modernise l'appareil industriel, qui forme hommes et femmes aux métiers de demain qui sont déjà les métiers d'aujourd'hui. Donc, la politique culturelle, scientifique, sociale, n'a pas eu d'équivalent depuis la dernière guerre.

Oui, je n'ai pas de raison de le taire, je crois que l'intérêt de la France est de poursuivre cette politique, et je le dis. Mais, bien entendu, les Français sont maîtres de leur décision, cette décision n'est pas acquise. Quand elle le sera, le devoir de chacun sera de la respecter.

Enfin, si notre politique intérieure est dominée, comme c'est le cas, par l'approche des élections législatives,* je crois que les Français comprennent très bien qu'il y a quelques domaines où ils doivent faire bloc, oui, où ils doivent faire bloc – ce n'est plus une question de parti de ceci, de parti de cela, – où il convient de défendre ensemble un certain nombre d'acquis, et d'acquis de ces dernières années, il ne faut pas l'oublier.

Je résume en disant: faire bloc pour défendre les acquis sociaux, faire bloc pour défendre les acquis de liberté, faire bloc sur des points ou dans des domaines . . . Je pense à l'immigration, où la tradition d'hospitalité et d'intégration de la France doit être maintenue envers et contre tout.

Voilà un certain nombre de domaines où un consentement général permettra à la France d'avancer; de préserver, de défendre, d'avancer. Après quoi, chacun dira – on le dit déjà – ce qu'il aura envie de dire. La démocratie s'exercera pleinement, vous le savez bien, et les Français décideront. [. . .]

Est-ce que je ne suis pas en droit d'espérer qu'au-delà des luttes partisanes on puisse éviter de combattre, pendant la campagne électorale, des avancées comme la retraite à soixante ans? On est contre? Moi, je suis pour, et je pense que je ne suis pas le seul. De même, la retraite à soixante ans accordée maintenant aux agriculteurs (vous savez que la loi est déposée) progressivement en cinq ans. La retraite aux artisans et aux commerçants, ça c'est du nouveau aussi. Est-ce que vraiment on pourrait remettre en question l'augmentation raisonnable du SMIC, du salaire minimum, qui a tout de même progressé depuis 1981 de quelque 71 pour cent?

Est-ce qu'on peut remettre en question un rythme régulier d'augmentation du pouvoir d'achat des allocations familiales? Le pouvoir d'achat s'est accru de plus de 11 pour cent depuis 1981, alors qu'il avait décliné les années précédentes. Voilà une ligne de conduite à tenir.

La même chose pour le minimum vieillesse, qui est fixé à 70 pour cent du salaire minimum, alors que c'était 55 pour cent . . . et je pourrais ajouter bien d'autres choses, mais je m'arrête là.

Est-ce qu'on peut revenir, sur la semaine de trente-neuf heures, je veux dire en hausse? On peut naturellement si on veut, accepter des aménagements, à condition de revenir à une moyenne négociée entre les parties prenantes, moyenne qui n'alourdisse pas ce temps de travail, bien entendu avec des compensations dans ce cas-là. Ou bien sur la cinquième semaine de congés payés? Et je n'exagère pas, je n'irai pas très loin; j'ai seulement essayé de dégager un certain nombre de mesures qui ont été adoptées, quelquefois même imposées par la majorité au Parlement, par l'actuelle majorité. D'une façon générale, l'opposition a voté contre; j'espère qu'on enterrera la petite hache de guerre sur ce type de problèmes, et je souhaite que tout ce qui a été fait sur ce plan soit maintenu. Je m'arrête là, la liste n'est pas limitative, mais vous parlant et vous répondant, je ne veux pas non plus exagérer ce domaine commun.

Je souhaite que cela soit partout défendu et proposé aux Français comme de bonnes mesures. Il fallait les prendre, c'était des réformes nécessaires; eh bien, on va les protéger! Vous voyez qu'après tout c'est assez modeste, comme programme de consentement.

Même si je n'ai pas parlé de consensus, je pense qu'il y a des domaines forts, importants, mais restreints, où tous les Français me donneront raison et demanderont à leurs représentants, de toutes couleurs politiques, de s'entendre:

– La décentralisation, c'est bien un fait de liberté. Est-ce qu'on va revenir là-dessus?

– Les lois dites Auroux, du nom de l'excellent actuel

ministre de l'urbanisme, du logement et des transports – mais qui était à l'époque ailleurs . . . au travail, – est-ce qu'on va revenir sur ces acquis des travailleurs qui, dans leur entreprise, peuvent désormais mieux s'informer et mieux débattre de leurs intérêts et des intérêts de l'entreprise? [. . .]

– La protection et l'indemnisation des victimes de faits de violence; on les plaint toujours, on les plaint beaucoup et on a raison de les plaindre, mais on ne faisait pas grand-chose pour ces victimes. Nous, on l'a fait.

– La loi de 1984 sur le pluralisme et la transparence de la presse . . . Ce n'est pas si mal.

– La suppression de toutes les juridictions d'exception, Cour de sûreté de l'État, tribunaux permanents des forces armées en temps de paix. . . . Ce sont des choses sur lesquelles les amis de la liberté, de tous les camps doivent pouvoir aisément s'accorder. [. . .]

Je suis tout à fait favorable aux nationalisations qui ont été décidées en 1981 et 1982. Elles correspondaient exactement aux engagements que j'avais pris avant 1981. Je pense qu'il faut défendre ce qui est devenu aujourd'hui la propriété de la nation et qui a très bien réussi. Les entreprises en péril dans la période précédente sont aujourd'hui hors de l'eau, certaines d'entre elles sont prospères. Si vous voulez des détails, je vous les donnerai. Donc, il faut protéger cela.

Mais dès la loi de nationalisation, et même auparavant, on avait prévu ce qu'on appelle [. . .] des lois de respiration, c'est-à-dire la possibilité donnée aux grands groupes nationalisés de redistribuer ce qui n'est pas proprement la maison mère, ce qui peut être une filiale acquise au gré des événements sans que cela s'impose.

Mais la dénationalisation de ce qui a été décidé en 1981 et 1982* cela risque d'être une dilapidation du patrimoine national et, naturellement, je ne puis l'accepter. [. . .]

Les gouvernements, depuis 1981, sont toujours restés obstinément fidèles aux valeurs et aux principes dont ils s'inspiraient. Vous n'observerez à aucun moment un manquement à cette règle de morale fondamentale. [. . .] Je prétends que nous sommes restés étroitement fidèles aux objectifs que nous poursuivons. Dans deux ou trois cas, il a fallu se rendre compte que, soit nous n'étions pas suivis par l'opinion, soit cela n'était pas encore opportun. Et puis, pour le reste, eh bien, nous avons avancé dans la direction annoncée.

Souvent on fait un reproche que je crois infondé en disant: comment se fait-il, par exemple que vous magnifiez l'entreprise, que vous parliez de modernisation, alors que ce n'était pas tout à fait ce que vous aviez dit auparavant? [. . .] J'ai souvent dit que si nous arrivions au pouvoir, il ne faudrait pas collectiviser l'économie; il faudrait réaliser un certain nombre de nationalisations, j'en ai même énuméré la liste – celle qui est entrée dans les faits – et pour le reste, il faut marier aussi intelligemment que possible le public et le privé.

Voilà ce que je voulais vous dire à ce sujet; je plaide pour la fidélité.

21 November 1985, *M*

NOTES TO THE TEXT

Page
57 «**Sillon**»: An untypically progressive social and democratic movement within the Catholic church in France.
Led by Marc Sangnier, the Sillon was condemned by
Rome in 1910.

Saintonge: Centred on the town of Saintes, the Saintonge region of south-west France lies between
Angoulême and the Atlantic, to the north of Bordeaux. It includes part of the department of Charente,
where Mitterrand was born.

l'édit de Nantes: Henri IV's edict (1598) established
civil and political rights for French Protestants. The
edict was revoked by Louis XIV in 1685.

dans un art mineur: In fact Mitterrand's father inherited a vinegar factory (see Introduction, p. 3), a less
prestigious commercial activity than the production
of cognac.

58 **des quiproquos compassés:** deliberate misunderstand-
ings (based on a refusal to recognize the social
upheavals that were under way).

Je crois . . . qui l'ébranlerait: Mitterrand traces the
idealism and sense of justice of his later socialist commitment back to the Charente society of his childhood,
which lacked and even suppressed such aspirations.

59–60 **que le soir . . . (à cause de Fachoda):** Herriot, Poincaré and Briand (also Doumergue and Daladier, a few lines later) were all major political figures of the French inter-war period. The French withdrawal from Fachoda on the upper Nile (1898) aroused deep anti-British resentment in France. According to Mitterrand, his family's attitudes towards the British were still coloured by the incident in the 1930s.

60 **La N.R.F.:** *La Nouvelle Revue française*, the most influential literary revue of the day.

la bourrasque de 1934: the (political) storm of 1934. In February 1934 large and violent demonstrations by the anti-parliamentary extreme-Right (6 February) and the parties of the Left (SFIO, PC; 9 February) brought down the Daladier government, underlined the rise of fascism in France, and stimulated the forces of the Left towards the electoral union which in 1936 produced the Popular Front (see note to p. 61).

Les grands cimetières sous la lune: Georges Bernanos's celebrated polemical essay on the Spanish Civil War appeared in 1938.

tabous par 46° de latitude nord: Angoulême lies just south of latitude 46 north.

61 **le grand vent de la joie populaire:** An electoral coalition of the French radical, socialist and communist parties, the Popular Front government came to power in June 1936.

au Stalag IX A: in Hessen (now West Germany). Mitterrand was a prisoner of war from June 1940 to December 1941.

63 **l'appel du 18 juin:** 1940. De Gaulle's radio appeal from the BBC in London for France not to accept the Armistice but to continue the struggle against the German occupying forces.

64 **poste à galène:** a crystal set, an early form of radio receiver.

la drôle de guerre: the phoney war, the name given to

the period (September 1939 to May 1940) between the declaration of war and the outbreak of hostilities.

au coup d'État de 1934: On 6 February 1934 extreme Right political leagues (including La Roque's Croix-de-Feu and Maurras's Action française) demonstrated against the government of Daladier and, by extension, against the parliamentary democratic system of the Third Republic. Violent clashes in and around the Place de la Concorde resulted in some fifteen dead. Any intended overthrow of the régime proved abortive: as Mitterrand notes, Daladier was merely replaced as prime minister by Doumergue. See note to p. 60).

66   **L'hiver:** that is, of 1940–1.

Je m'évadai: Mitterrand's first attempt to escape from wartime captivity, in March 1941.

69   **Une certaine idée . . . dans un livre:** The opening sentence of the first volume of De Gaulle's *Mémoires de guerre* runs: 'Toute ma vie, je me suis fait une certaine idée de la France.' Mitterrand had used the expression eight years earlier in *PV* (1969): see *AM*, p. 67.

70   **La formule . . . dernier:** Mitterrand refers to the slogan 'Le Changement dans la continuité' used by Giscard d'Estaing in his Presidential Election campaign of 1974.

72   **M. Guy Mollet . . . d'une année et demie:** Even this was an over-estimation: the socialist leader Mollet was in fact Prime Minister ('Président du Conseil des Ministres') from 2 February 1956 to 21 May 1957.

73   **tirait au renard:** dug its heels in, refused to budge.

une pichenette l'ébranlait: the merest flick of the finger toppled it.

Indochine, Tunisie, Maroc, Algérie: in chronological order of occurrence, the four principal decolonization crises faced by the Fourth Republic between 1946 and 1958.

74   **Félix Gaillard:** A prominent ministerial politician for much of the Fourth Republic, Gaillard was 'Président

du Conseil' in its final months (November 1957 to April 1958).

l'homme du 18 juin 1940: see note to p. 63.

75 **Je lui dénie . . . sur la nation:** I simply deny him the right to think that (his) services rendered (during the Resistance) give him a (right of) mortgage, a hold over the nation.

Du 13 mai . . . un premier coup d'État: that is, in what were effectively the last days of the Fourth Republic, from the revolt of the generals in Algiers (13 May 1958) to the investiture of De Gaulle as Prime Minister empowered to draw up and propose a new constitution (for what was to be the Fifth Republic). See Introduction, p. 14.

sa retraite à Colombey: De Gaulle's country home, to which he had retired in the early 1950s, was at Colombey-les-deux-églises (Haute-Marne).

l'affaire des Barricades d'Alger: The name given to a week of French army-inspired demonstrations in Algiers (24 January to 1 February 1960) against De Gaulle's policy of self-determination for Algeria. It was a period of particularly high tension between, on the one hand the army and European population in Algeria, and on the other the Gaullist government in Paris.

77 **sans chrême:** without consecration.

78 **l'Europe de Westphalie:** that is, a Europe under French domination. The short-lived kingdom of Westphalia was created by Napoleon, then at the height of his imperial powers, in 1807.

L'Essai sur l'extinction du paupérisme: An essay by Louis Napoléon Bonaparte (1846). Mitterrand is saying that De Gaulle's ideas on social and economic policy are well over a century out of date.

la crise de mai 1958: see note to p. 75. Mitterrand is referring to De Gaulle's press-conference of 19 May 1958.

79   **un strapontin . . . le mercredi matin:** a back seat at the Wednesday morning Cabinet meetings in the Elysée Palace.

80   **sont du ressort des décrets:** may be taken by (government) decree. As Mitterrand indicates a few lines later, this method saved De Gaulle's government the trouble of seeking a vote of approval from parliament.

qui n'est pâs . . . chef de l'Exécutif: According to Article 21 of the Constitution of the Fifth Republic, 'Le Premier Ministre dirige l'action du gouvernement'. However, from 1958 to 1986 all Presidents of the Republic, from De Gaulle to Mitterrand himself, in practice operated as head of government, or 'chef de l'Exécutif'.

si la gauche gagne les élections?: that is, the Legislative Elections of March 1973. *Le Rose au poing*, from which this excerpt is taken, was written between August and December 1972.

81   **le programme commun:** Signed by the PC, the PS and the MRG in June 1972, the *Programme commun de gouvernement* laid down the main lines of policy – in particular of social and economic policy – that would be implemented by a future government of the Left.

le débat tournait à vide: the discussion was getting nowhere, going round in circles.

Camille Desmoulins: Politician, pamphleteer and journalist (1760–94). Desmoulins's pleas for tolerance of free expression were ignored by the revolutionary tribunal during the Terror. With Danton, he was guillotined in April 1794.

les fourches caudines de la publicité: the humiliating, but unavoidable, conditions that advertizing imposes on the modern press. The metaphor of the Caudine Forks refers to a severe and humiliating defeat suffered by the Romans (321 BC).

82   **les magasins . . . à succursales multiples:** supermarkets and chain stores.

83 **la nationalisation . . . de l'ordinateur:** All industries which the Left's Common Programme (see note to p. 81) had proposed to nationalize, and which were nationalized during Mitterrand's presidency since 1981.

Cid-Unati: Comité d'information et de défense de l'Union nationale des artisans et travailleurs indépendants. A prominent pressure group representing small shop-keepers and tradesmen.

84 **8 990 étaient . . . conseils de révision:** 8,990 failed the army medical board because they had rickets.

le rapport Villermé: Louis Villermé's socio-medical report, *Tableau de l'etat physique et moral des ouvriers dans les fabriques de coton, de laine et de soie* (1840), exposed contemporary working conditions in the textile industry in the north of France. The report was instrumental in the introduction, in 1841, of early legislation restricting child labour in industry.

En 1848 . . . suffrage universel: In the aftermath of the revolutionary days of February 1848 the popular provisional government declared the Second Republic and announced the election by universal (male) suffrage of a Constituent Assembly. Socialist ideas and militants figured prominently in these developments.

la bourgeoisie censitaire: that is, those bourgeois to whom, by reason of their ownership of property, the right to vote was restricted.

85 **l'écrasement . . . pour crime d'espérance:** Mitterrand refers to two major examples in the French nineteenth century of brutal bourgeois government repression of popular uprisings: the June Days (1848) and the Commune (1871).

La première Internationale . . . naître: in September 1864.

Jaurès et Blum: with Jules Guesde (see Mitterrand's following sentence), leaders and foundation figures of the French socialist movement. Guesde (1845–1922) founded the Parti ouvrier français in 1880. A renowned orator, Jean Jaurès (1859–1914) was the most important figure in the SFIO in the decade before the First World War. Leader of the SFIO between the wars, Léon Blum (1872–1950) in June 1936 became Prime Minister of the Popular Front.

86   **pas de dentelles!:** no delicate, flowery language; no beating about the bush.

M. Marcellin: Politician and Minister of the Interior in the Gaullist 1960s. Raymond Marcellin (1914–) often embodied in the eyes of the Left the forthright hostility of the Right towards the totalitarian threat supposedly posed by a Left-wing government in France. In 1972 Marcellin was also maire of Vannes (Morbihan).

87   **Cette inclination . . . le pire désordre:** Earlier in *PV* Mitterrand had evoked the moral scrupulosity of his family upbringing, at one point describing his father as 'Frondant les hiérarchies, détestant les privilèges': see *AM*, p. 58.

Mais elle la faisait aussi dévier: But at the same time it ('la foi chrétienne' of Mitterrand's parents) led them off on the wrong track. As Mitterrand elaborates in his following lines, the exclusively spiritual objective of his parents' faith closed their minds to the materialistic analyses of socialism which would have accounted for the social and economic injustice which they found so unacceptable.

88   **Ce que j'ai appris . . . la distance:** Mitterrand's life and lessons as a POW (1940–1) were evoked earlier: see *AM*, pp. 61–2, 65–7).

Non. Je n'ai pas . . . ni signe privilégié: Combining irony with rhetorical repetition, Mitterrand stresses the absence in his case of any sudden, supra-rational quasi-religious conversion to socialism. This is all to the good as the church of socialism is riddled with dogmatic sects. Mitterrand's socialism, he goes on to indicate, is based on intellectual analysis, long-standing experience and responsible political action.

89 **Catéchumène . . . dans le narthex:** Maintaining his metaphor of the church of socialism, Mitterrand depicts himself as a catechumen or student convert in the part of the church reserved for those yet to be admitted to full membership.

90 **J'aurais pu plaider . . . ses conseils d'administration:** that is, Mitterrand could have made his fortune from capitalist society either as a barrister defending its interests for large fees, or by sitting on company boards of directors.

92 **H.L.M.:** Habitations à loyer modéré; publicly funded or subsidized rental accommodation, council or state housing.

   Jaurès: see note to p. 85.

93 **Quand j'ai été . . . de la République:** that is, for the first time, in 1965.

   Front Populaire: see note to p. 61.

   au congrès de Tours: At the SFIO Congress held at Tours in December 1920 French socialism divided into two party-camps, the SFIO and the PC.

   des maquis F.T.P.: During the Occupation, 'Francs-Tireurs et Partisans' were quasi-military resistance networks (1940–5), dominated by communist militants.

   les gouvernements . . . et Ramadier: that is, French governments of the Liberation period and the first year of the Fourth Republic (November 1945 to 19 November 1947).

   le vote . . . Thorez: In December 1946, all but fifteen or so SFIO deputies supported the candidature of the communist leader Thorez for the post of Prime Minister ('Président du Conseil').

93–4 **le départ . . . du Cabinet Ramadier:** On 5 May 1947 the socialist Prime Minister Paul Ramadier dismissed from his cabinet ('Conseil des ministres') five communist ministers who had just voted against the government on a motion of confidence. The decision brought to an end the parliamentary co-operation between the SFIO and the PC that had been in operation since the Liberation.

94   **Jules Moch:** SFIO; Minister of the Interior (1947–50), and as such responsible for French police services.

l'OTAN: Organisation du traité de l'Atlantique Nord; NATO was established with the signing of the Atlantic Alliance in April 1949.

le pacte militaire de Varsovie: The Warsaw Pact was signed in May 1955.

La sédition militaire . . . les frères ennemis: since, that is, the SFIO and the PC shared political ground in their common opposition to the extreme Right's anti-democratic refusal to decolonize Algeria.

Les socialistes . . . et les pleins pouvoirs: Almost half of the socialist deputies (42 of the SFIO's parliamentary group of 95) voted for De Gaulle's investiture as Prime Minister, on 1 June 1958; see note to p. 75.

La candidature . . . Defferre: In 1964–5 the socialist Defferre ran an abortive campaign for the candidature of the non-communist Left in the 1965 Presidential Election; see Introduction, p. 18.

96   **Tout le temps . . . la Fédération:** Mitterrand was president of the FGDS from December 1965 to November 1968.

97   **les événements de mai:** In May and June 1968 life in Paris and some provincial cities was severely disrupted by student protest and industrial action.

lame de fond: ground-swell, tidal wave.

Cohn-Bendit: With Jacques Sauvageot and Alain Geismar, Daniel Cohn-Bendit was a prominent leader of the student demonstrations of 1968.

Marcuse: The German-American philosopher Herbert Marcuse (1898–1979). Among other works, his study of modern, exclusively economic man, *L'Homme unidimensionnel* (1968), was an acknowledged source of ideas for the student activists in 1968.

cette rêveuse . . . Drieu la Rochelle: An allusion to Pierre Drieu La Rochelle's novel *Rêveuse Bourgeoisie* (1937).

98 **Mais quand . . . quel cafouillage!:** But when later they (the three student leaders) attempted to explain the reasons for their protest, what a mixture of imitation Marxism, what a hotchpotch, what confused ideas!

99 **On m'a crié: «Opportuniste!»:** In a press conference held on 28 May 1968, at the height of the May Events, Mitterrand declared that the Gaullist state had collapsed, proposed the formation of a provisional government and announced that he would be a candidate in what he thought were imminent Presidential Elections to find a successor to De Gaulle. Mitterrand was accused by his political opponents of siding opportunistically with the revolutionary movement in countenancing the removal of a democratically elected government. See Introduction, p. 21.

son pont d'Arcole . . . Trocadéro: Mitterrand is being heavily ironic at Sauvageot's expense. The 'pont d'Arcole' was the site, in 1796, of a brilliant victory for Napoleon over the Austrians. More properly called the Pont d'Iéna, the '(pont) du Trocadéro' spans the Seine between the Champ-de-Mars and the place du Trocadéro.

Le 23 juin: 1968; the date of the first round of Legislative Elections called after De Gaulle dissolved the National Assembly on 30 May.

100 **Chez Renault . . . des consignes syndicales:** At Renault, Peugeot, and Creusot (a large iron and steel group), the strike movement had begun spontaneously, without the workers waiting for their unions' instructions.

Séguy: Georges Séguy, in 1968 the secretary general of the largest French trade union confederation, the CGT (Confédération générale du travail).

accords de Grenelle: National agreements on wages

and conditions of employment were reached after two days of negotiations (25–7 May 1968) between the Pompidou government, the employers' and the unions' confederations. So called because the negotiations were conducted at the Ministry of Labour, in the rue de Grenelle.

la tribune de Charléty: On 27 May 1968 some 30,000 people attended a meeting organized by the UNEF (the largest national students' union) and the PSU ('Parti socialiste unifié', a small but ideologically fertile party of the extreme Left). The meeting represented a high point in the revolutionary fervour of the time.

101 **que nous avons méconnu:** that we (politicians and parties of the Left) misunderstood, underestimated.

Giscard: Valéry Giscard d'Estaing (1926–), Mitterrand's successful rival in the second round of the 1974 Presidential Election. Since 1969 he had been a liberal Minister of Finance with a cultivated image of financial competence and technocratic modernity. Mitterrand is writing on 12 May 1974, two days after a crucial television duel with Giscard, and one week before the second round (19 May 1974).

mordicus: with great determination, tooth and nail.

Jours de France, et *Le Parisien libéré:* An illustrated periodical and a daily newspaper well known for their superficial, highly personalized coverage of the French political scene. Both supported Giscard.

102 **Vendredi:** Friday 10 May 1974; see note to p. 110.

«l'homme du passé» : In the course of their television duel Giscard had attacked Mitterrand: 'Vous êtes un homme qui êtes lié au passé par toutes vos fibres, et lorsqu'on parle de l'avenir, on ne peut pas vous intéresser.'

H.L.M.: see note to p. 92.

SMIC: Salaire minimum interprofessionnel de croissance; the French minimum wage, introduced in 1970 and adjusted periodically by government.

103   **je suis, je reste tranquille:** An inadvertent anticipation of his campaign slogan in the 1981 Presidential Election campaign: 'François Mitterrand – la force tranquille.'

des victoires . . . en bretteur: victories agained in swashbuckling fashion; that is, thanks merely to personal competitiveness or aggression, rather than to the intrinsic value of the cause (in Mitterrand's case, socialist ideas and reforms) which the competitor/presidential candidate represented.

L'actuel président: Giscard d'Estaing. Mitterrand is writing in 1980.

104   **doubler la mise:** to double the stake, by Giscard gaining re-election in 1981 for a second seven-year presidential term. Mitterrand's victory over Giscard in May 1981 prevented this dire outcome.

Bourguiba: President of Tunisia from 1957.

Pinochet: President of Chile.

Brejnev . . . Honecker: In 1980, heads of state or executive heads of, in order: USSR, Romania, Vietnam, Cuba, North Korea, Czechoslovakia, Bulgaria, Hungary and East Germany.

Houphouet: Houphouet-Boigny, President of Ivory Coast.

Bokassa: Until his overthrow in September 1979 Bokassa was the dictatorial head of the Central African Empire.

105   **le Programme commun de la Gauche:** see note to p. 81.

le projet socialiste: *Projet Socialiste. Pour la France des années 80* was the full title of the PS's policy programme, evolved from 1978 and published in 1980.

mes options de 1965: Mitterrand's policy platform as candidate in the 1965 Presidential Election.

106   **les archontes communistes:** leaders, heads of state in communist countries. In ancient Athens an archon was a chief magistrate.

107   **Michel Debré:** Debré was the first Prime Minister of

the Fifth Republic, from June 1959 until President De Gaulle obliged him to resign in April 1962.

Jacques Chaban-Delmas: Prime Minister under President Pompidou, from June 1969 to July 1972. Even more clearly than in the case of Debré (see preceding note), Chaban-Delmas's resignation was made in response to a demand from the President of the Republic.

des tâches ponctuelles: limited, specific undertakings, rather than greater responsibility for more extensive, general policy.

des lettres publiques à son Premier ministre: At approximately six-monthly intervals from 1977, Giscard sent to his Prime Minister, Raymond Barre, 'des lettres-directives, des lettres d'instructions détaillées, qui contiennent des prescriptions très précises pour tous les secteurs de l'activité gouvernementale' (R-G Schwartzenberg, *La Droite absolue*, Paris, 1981, p. 52). By November 1980, ten of these well publicized presidential directives had been sent.

108   **La télévision . . . La fierté familiale?:** Subservient television networks? Hunting hare, tiger, or the poor? Family pride? Mitterrand attempts to exploit for his own electoral advantage the widely held image of Giscard as a loftily patrician president, more at home on exotic hunting safaris than in exercising effective concern for those suffering from the effects of worsening economic conditions.

109   **un mélomane:** a music lover.

110   **Pierre Cot:** Radical-socialist deputy from 1928, minister under the Popular Front (1936–8).

la rhétorique . . . du cœur: literary or excessively sentimental speaking styles.

Margot: Mrs Smith; that is, the average television viewer, emotionally susceptible but quick to lose interest.

«**Vous n'avez pas . . . du cœur**»: In their 1974 television duel (see note to p. 101, Giscard made effective use of this formula to combat Mitterrand's public reputation, as leader of the popular Left, for a humanitarian concern for social issues (such as unemployment, the lower paid, housing and the family).

111   **l'État donne le change:** the State pulls a fast one, cheats, practises deception.

une supercherie: a fraud, swindle.

En proposant . . . à ce besoin: These proposals had been presented in the Left's *Programme Commun* (1972; see note to p. 81), in a chapter entitled 'Les Collectivités territoriales et la décentralisation'. See *Programme commun de gouvernement*, Paris: Flammarion, 1973, pp. 73–6).

les fusions de communes: A policy of encouraging the amalgamation of some of the many smaller, rural communes existed under Presidents De Gaulle and Pompidou. An important aim of this policy was to facilitate the provision of more efficient municipal services.

112   **le syndicalisme intercommunal:** mutual co-operation between communes or municipalities, rather than the amalgamation promoted, or imposed, by central authority.

la suppression . . . a priori: the abolition of the requirement for local authorities to gain prior approval from the state administration (often in the person of 'le préfet') before undertaking local policy reforms. According to the 1972 Common Programme, 'L'autonomie communale sera renforcée grâce à la suppression du contrôle a priori du préfet et des Services financiers et techniques de l'État' (*Programme commun de gouvernement*, op.cit., p. 73).

le programme des Réformateurs: Based on the Parti radical of J-J Servan-Schreiber and Jean Lecanuet's Centre démocrate, the centrist Mouvement réformateur was launched in November 1971. Servan-Schreiber's version of decentralization preferred state powers to be redistributed to the regions, rather than to the departments.

113   **Un démocrate . . . économique et social:** Again, Mitterrand closely reflects the positions adopted by the Common programme: '[La région] disposera d'une assemblée élue au suffrage universel direct et au scrutin proportionnel. Le président et le bureau élus par l'Assemblée régionale en seront l'exécutif. [. . .] Un Conseil économique et social consultatif siégera auprès de l'Assemblée régionale' (*Programme commun de gouvernement*, op. cit., p. 75).

il se défausse: offloads.

114   **la vignette automobile:** vehicle tax.

l'ENA: The prestigious École Nationale d'Administration was established in 1945. Its graduates are to be found at the highest levels of French public administration.

Lundi 28 février: 1972.

La gare est mitoyenne: The railway station is situated between the two villages.

115   **Jules Renard:** After a childhood spend at Chitry the author Jules Renard (1864–1910; *Poil de carotte* (1894), *Journal* (1887–1910)) lived in and eventually became *maire* of Chamot. The house he rented there he called 'La Gloriette'.

la loi Marcellin: Legislation (adopted in July 1971) which promoted the amalgamation of communes; see note to p. 111.

lever les fourches: brandish the pitch-forks (of rural revolution).

116   **les gouvernements que j'ai présidés:** During the Liberation period, late 1944–January 1946. As well as the nationalization of coal, electricity and credit (1 January 1946: nationalization of the Banque de France and of the four largest deposit banks), which he mentions

here, De Gaulle might have added the nationalizations of Renault (January 1945) and air transport
services (June 1945), as a little later of some 34
insurance companies (April 1946), and gas production (Gaz de France, April 1946).

Jacques Chaban-Delmas: see note to p. 107. At the
time of Mitterrand's writing, Chaban-Delmas had
recently resigned as Prime Minister.

Jean-Jacques Servan-Schreiber: see note to p. 112.

Jean-François Revel: Essayist (*Ni Marx ni Jésus*, 1970;
La Grâce de l'État, 1981) and journalist (on *L'Express*,
1966–81); a nationally known political commentator.

117 **ce qui va . . . le programme commun:** The Left's Common Programme (1972) proposed the nationalization
of the remaining parts of the banking and finance sector still in private ownership, and of certain industrial
sectors (mineral resources, arms manufacture, space
and aeronautics, nuclear and pharmaceuticals),
together with most of the electronics and chemicals
sectors. Nine major industrial combines were principally involved.

118 *Le Midi libre:* A regional daily newspaper, published
in Montpellier.

Elle a surenchéri: she (agreed and even) went further.

Charles VII: King of France, 1422–61.

Louis XI: Son of Charles VII; king of France, 1461–83.

Jules Ferry: A firm republican and anticlerical, Ferry
(1832–93) was in the early years of the Third Republic
principally responsible for major reforms in French
public education, in particular the introduction of universal primary education.

119 **Depuis que . . . aux États-Unis d'Amérique:** Implemented from 1933, President Roosevelt's 'New Deal'
was a programme of economic and social measures
designed to alleviate the severe economic depression
of the time. Interventionism by the State in the working of the previously liberal American economy was a

central characteristic of the New Deal.

le dirigisme: A global term designating a varied range of state involvements in (and therefore direction – 'diriger' – of) the economy (for example, economic planning, prices and incomes control, social and welfare policies, state fiscal and financial policies). 'Le dirigisme' was an important dimension of French economic policy in the post-war years, in the national effort to reconstruct and develop.

120   **que le pouvoir . . . change de mains:** As large-scale capital ('le grand capital') feared, and Mitterrand hoped, would happen in the March 1973 Legislative Elections.

Richelieu . . . se ferait socialiste: That is, just as in the seventeenth century Cardinal Richelieu expanded the central monarchy's economic role in order to defend the royal authority against the powers of the provincial nobility, so were he alive today would Richelieu embrace socialist nationalization policies as the most effective, just and nationally beneficial way to combat the self-interested 'feudal' powers of large-scale capital.

Ce qui est bon . . . pour la France: Dassault is a major aeronautics and armaments manufacturer; Pechiney-Ugine-Kuhlmann specialize in aluminium and other non-ferrous metals; Rhône-Poulenc produce chemicals, synthetic fibres and fertilizers. These three large industrial groups were all scheduled for nationalization under the 1972 Common Programme. They were in fact nationalized in 1981–2.

121   **faire craquer le carcan d'un système:** to break free of the yoke, the constraints imposed by a system.

Vingt-sept ans ont passé: That is, since De Gaulle's nationalizations of 1945–6 (see note to p. 116). Mitterrand is writing in 1972.

122   **Louis XV:** King of France, 1715–74.

l'informatique: information technology, computers.

123   **viande sur pied:** meat on the hoof, still to be slaughtered.
       Des satellites . . . du système: Satellites will channel part of the enormous flow [of information] that will be generated by the spread of this system.

124   **les PTT:** Postes, Télégraphes et Téléphones, the French public postal and telecommunications services.

125   **des détenteurs . . . centralisées:** those [people, companies, governments] with access to centralized computer data bases.
       une discothèque: a collection of [video-]disks.
       la fiche signalétique: police record, criminal record.

126   **Fernand Braudel:** Eminent French historian (1902–85) of the Mediterranean, and of the emergence of modern industrial capitalism. A major figure in the *Annales* school of historians.
       la flûte: In the sixteenth and seventeenth centuries, the flute was a warship equipped with a reduced armament in order to serve as a transport vessel.
       Charles Quint: Charles V, Emperor of Germany, 1519–56.
       Jean Gimpel: French historian of the development of technology and the industrial revolution.

128   **la semaine . . . à trente-cinq heures:** The Mitterrand government intended to reduce the working week from 40 to 35 hours by annual reductions of one hour between 1981 and 1985. In fact after introducing the 39-hour working week from 1 January 1982 (see Introduction, p. 33) the government effectively abandoned the project.
       sa plate-forme revendicative: its platform of demands, policy objectives.
       les taux . . . des entreprises: that is, the rates or levels of the contributions which French companies must pay to Social Security and other state welfare funds.

129   **La diminution . . . allocations versées:** The drop in unemployment [which would result from the

introduction of a 35-hour working week] would reduce the total amount of [unemployment] benefits paid out.

l'INSEE: Institut national de la statistique et des études économiques, an important French polling and statistical research organization.

travail à la chaîne: work on the assembly line, typically involving the performance of low-skilled, repetitive tasks.

une attitude rétractile: a position of withdrawal.

130   **le gouvernement:** that is, the government of Prime Minister Raymond Barre, under President Giscard d'Estaing. Mitterrand is writing in the second half of 1980.

le CNPF: Conseil national du patronat français, the principal French employers' association.

au début de l'année prochaine: that is, early in 1981, in time for the Presidential Election (April–May 1981). Mitterrand was mistaken: Giscard did not then introduce a fifth week of holidays. Mitterrand himself did so as President, from 1 January 1982.

la proposition . . . de la retraite: The Common Programme (1972) proposed that 'L'âge d'ouverture des droits à la retraite sera ramené à soixante ans pour les hommes et à cinquante-cinq pour les femmes, le droit au travail restant garanti au-delà. Cette mesure est particulièrement urgente pour les travailleurs effectuant des tâches pénibles ou insalubres' (*Programme commun de gouvernement*, op. cit., p. 13).

131   **en pleine révolution de Février:** 1848; see note to p. 84.

la Chambre bleu horizon: the name given to the firmly conservative Chambre des Députés elected in 1919.

133   **Lundi 16 novembre:** 1971. In 1971 the 16th of November fell on a Tuesday – not the kind of detail to worry Mitterrand.

épure: design, outline.

134   **Haroun Tazieff:** Belgian geologist and vulcanologist (1914–), well known in France; politically sympathe-

tic to the PS; appointed 'Secrétaire d'État à la prévention des risques naturels et technologiques majeurs' in the Fabius government (July 1984–March 1986).

les îles de la Sonde: the Sunda islands (Java, Sumatra, Borneo, Bali . . .) which make up Indonesia.

135 **En Charente:** The region of south-west France where Mitterrand was born and grew up; see *AM*, p. 56.

Irkoutsk: Irkutsk, an industrial and university city (pop. 500,000) in eastern Siberia, sited on the Angara river near the south-west end of Lake Baikal.

cette phrase de Tennyson . . . presque risible»: The English original of Tennyson's phrase runs: 'the clearest of the clearest, the surest of the surest, the weirdest of the weirdest, utterly beyond words, where death was an almost laughable impossibility' (Hallam, Lord Tennyson, *The Works of Alfred, Lord Tennyson*, Eversley Edition, 1907–8, Vol. III, p. 217).

136 **la Mandchourie perdue:** Japanese occupation of the north-east Chinese territory of Manchuria ended in 1945.

Lomonossov: Mikail Lomonosov, Russian linguist and polymath; the father of modern Russian literature (1711–65). In *An Account of Various Journeys in the Northern Seas and Evidence of a Possible Passage to East India Through the Siberian Ocean* (1762–3), Lomonosov wrote: 'Russia's power would be enhanced by Siberia.'

les Toungous: A group of tribes of eastern Siberia.

barrage . . . oléoduc: hydro dams, industrial plants and complexes, oil pipe-lines.

Brejnev: Leonid Brezhnev (1906–82), Secretary General of the Soviet Communist party (1964–82); Soviet Head of State (1977–82).

137 **Mercredi 19 avril:** 1972.

la fin d'une campagne: the campaign relating to President Pomidou's referendum on the entry of Great Britain into the European Economic Community.

des signes cabalistiques: mysterious, secret, but also magic since they open, or bar, the way to the television studio.

technicien de cadrage: a cameraman skilled in presenting the most effective television images of his subject.

Claude Estier: member of the PS, an experienced journalist and editor of the PS weekly *L'Unité,* and for many years a close political collaborator of Mitterrand.

138 **Le gouvernement a organisé:** Mitterrand assumes that the Pompidou government of the day exercises detailed control over television broadcasting, particularly over programmes with a political content.

la Vie ouvrière: the official weekly newspaper of the CGT (see note to p. 100).

l'Office: Office de Radiodiffusion Télévision Française (ORTF); in 1972 the French state broadcasting authority.

«A armes égales»: In 1972, a regular television talk show in which pairs of political personalities debated their different views.

le plateau: the (studio) set (for the television broadcast).

en direct: (in a) live (broadcast), rather than use one of the two prior recordings allowed.

139 **La liaison . . . inexpugnables:** Mitterrand's list of possible mistakes rises from the mildly unfortunate but perfectly possible to the very unlikely and catastrophic. He is exposing with humour the unreasonably rigid character of the ORTF's regulations. The bureaucratic episode which follows emphasizes the same point. Its resolution offers a classic example of 'le système D'.

140 **Mardi 30 mai:** 1972.

Michel Debré: See note to p. 107.

141 **point culminant . . . Paris–Lyon:** the highest point of the old Paris to Lyons railway line.

où la hêtraie . . . des résineux: where beechwoods

still hold out against the advance of the conifers.

Samedi 17 juin: 1972.

Philippe Tesson et Maurice Clavel: writers and journalists (for the daily newspapers *Combat* and *Libération*, respectively), politically sympathetic to Mitterrand.

et ne m'en suis pas tiré indemne: and (I) didn't escape unscathed.

142   **chez mes grands-parents . . . en Charente:** Mitterrand evokes his childhood stays with his grandparents in *PV*, see *AM*, pp. 58–9; see also Introduction, p. 3.

Vendredi 2 novembre: 1973.

Latche: Mitterrand's country retreat, deep in the Landes region of south-west France.

les embruns: spindrift, sea-spray.

la Sainte-Catherine: Mitterrand is a traditionalist rather than a man of the Church; St Catherine's day (25 November) was removed from the Roman Calendar in 1969.

143   **un quarteron:** a (mere) handful.

Le cantonnier: the local road-mender.

144   **la nappe phréatique:** the (deeper) water-bearing layer, level (of ground).

les bouvreuils: bullfinches.

qui est en tournée: who's doing his rounds.

le merle et l'étourneau: the blackbirds and starlings.

145   **les fourrés:** thickets, bushes.

le mainate: mina or myna(-bird).

(le) loriot: oriole.

liquette flottante: with its shirt blowing (in the breeze).

Soustons: a village near Latche, some 30 km north of Bayonne.

Il existe . . . pour dames: There are also nets which cover the [fruit-trees'] branches and make the orchards look like a window display for a ladies' hairdresser.

composer le terreau: make up, put together the compost.

146   **des oignons et des radicelles:** bulbs and rootlets.

baradeau: in south-west France, a boundary or drainage ditch.
Vendredi 15 février: 1974.
le chancelier Kreisky: Bruno Kreisky, Chancellor of Austria (1970–83).

147 **Samedi 26 avril:** 1975.
Leonid Brejnev: see note to p. 136.

148 **monté en grade:** promoted to a higher (military) rank.
Souslov: Mikhail Suslov (1903–82), Soviet deputy leader, close adviser to both Khruschev and Brezhnev.
Khrouchtchev: Nikita Khruschev (1894–1971) succeeded Stalin as First Secretary of the Soviet Communist Party (1953–64), from which position he promoted the destalinization of the party.
Gérard Jacquet: Formerly of the SFIO, a member of the PS's Secretariat in the early 1970s, and a specialist in international affairs.
l'OTAN: see note to p. 94.
Nixon: As President of the USA (1969–74), Richard Nixon (1913–) expanded diplomatic and commercial relations with the USSR.
Charles Hernu: Member of the PS, deputy and French Minister of Defence (1981–5), Hernu has been for many years a close political collaborator of Mitterrand. Hernu resigned as Minister of Defence in September 1985 over the bombing of the *Rainbow Warrior*.

150 **des marches de l'Empire:** that is, from the furthest flung, frontier states within the Soviet bloc. Mitterrand has in mind the eastern European countries. 'les pays satellites': see his references, a few lines later, to Prague, Budapest and Warsaw.
dès 1917: that is, at the time of the initial Russian Revolution.
Les miradors: The watch-towers (of prison-camps). Mitterrand is saying that suppression and elaborate police surveillance will prove ineffective.
Soljenitsyne: Alexander Solzhenitsyn's novel *Gulag*

Archipelago (published in France late 1973) served for western opinion to focus the swelling protest in the 1970s against the denial of human rights in the USSR.

151 **Lundi 28 avril:** 1975.

Lundi 3 novembre: 1975.

Château-Chinon: Mitterrand was maire of this small town in the Nièvre (pop.: 3,000) from 1959 until his election as President of the Republic, in 1981.

la mort du Téméraire: Charles the Bold (1433–77), Duke of Burgundy, died at the siege of Nancy in the course of war against René II, Duke of Lorraine.

152 **É.D.F.:** Electricité et Gaz de France, a French state-owned organization, as also are Crédit Agricole and Ponts et Chaussées, mentioned a couple of lines later. Mitterrand's defence of the quality of the urban environment meshes smoothly with his long–standing concern (see *AM*, pp. 111–6) for the decentralization of political authority.

une dérogation: an exception (from the obligation to conform to the municipal policy of using only Anjou slate as roofing material).

153 **l'énorme pâté de saindoux:** that colossal block, slab of lard.

Lundi 8 décembre: 1975.

la rotonde de Roissy: the circular arrivals hall at Roissy (more properly, Aéroport Charles-de-Gaulle), one of the international airports of Paris.

Claude Estier: see note to p. 137.

154 **Brandt:** Willy Brandt (1913–), former Federal Chancellor of West Germany (1969–74), a Social Democrat, and for long a European political ally of Mitterand.

Henry Kissinger: 1923– ; USA Secretary of State (1973–7).

155 **des colverts:** mallards.

Mercredi 17 décembre: 1975.

156 **les poches . . . vont sauter:** the pockets of mine gas (energy sources) are about to explode.

Lundi 20 mai: 1976. This should read 'Lundi 24 mai'; see note to p. 133.

157   **Cette exigence . . . de m'avertir:** If I no longer felt that need, I'd known my end was near, there'd be no need to tell me.

la fauvette . . . musicienne: a warbler or a song-thrush.

la Saintonge: see note to p. 57.

port fixe . . . invariable: home port and unchanging ports of call.

Jeudi ler avril: 1977. In 1977, 1 April fell on a Friday.

Latche: see note to p. 142.

158   **le terrain de . . . du parti communiste:** The adoption by a reluctant National Assembly of President Giscard d'Estaing's proposals for the election, by direct universal suffrage, of the European Assembly, dominated French political debate in the first half of 1977. At its 22nd Congress, in February 1976, the PC formally abandoned its commitment to the doctrine of the dictatorship of the proletariat. More than a year later, the significance of this move remained open for discussion among the French Left.

Dimanche 17 avril: 1977.

de la forêt . . . du Morvan: that is, form Mitterrand's home at Latche, to his parliamentary constituency in Nièvre and his position as maire of Château-Chinon.

159   **Paris . . . bordées d'axiomes:** Paris's only response has been to fire back broadsides, volleys of axioms [that is, truths or principles that were as self-evident as they were inadequate].

ces frênes . . . ces bouleaux?: [What's the good of these] ash, elm, poplar and birch? – all commercially unprofitable species of tree, in the eyes of the state forest administrators.

feuillus: deciduous forest.

160   **qu'au bruit de l'appareil:** only from the row made by the helicopter – that is, the local *maire* would receive

no advance notice of the spraying operation.

161 **ce soir . . . campagne présidentielle:** 8 May 1981, at the end of the Presidential Election campaign of April–May 1981. Two days later, on 10 May 1981, Mitterrand was successful in the second-round run-off against the outgoing President Giscard d'Estaing. The text is that of Mitterrand's final television broadcast of his campaign.

la Fédération . . . nationale: FEN, the largest teachers' union organization in France.

les Mutuelles: friendly societies, run on co-operative lines and offering insurance and related financial services.

162 **les droits de succession:** death duties.

Il n'y aura pas . . . complémentaires: There will be no transfer [to support other state welfare funds] of [employees'] pension contributions, and I will maintain [private] supplementary pension schemes.

mon programme présidentiel: '110 Propositions pour la France', a selective synthesis of PS policy adopted in January 1981; see Introduction.

163 **ce jour du 8 Mai:** anniversary of the Allied victory over Nazism, 8 May 1945.

164 **Cette victoire:** Mitterrand's second-round victory over Giscard d'Estaing, 10 May 1981. The text is his election-night declaration, made from Château-Chinon.

165 **En ce jour:** 21 May 1981. The text is President Mitterrand's inauguration speech, given at the Élysée Palace.

de brèves . . . de notre société: that is, the short-lived episodes of social progress brought about by means of popular revolution.

Jaurès: see note to p. 85.

le Front populaire: see note to p. 61.

la chose de France la mieux partagée: An echo of Descartes, whose *Discours de la méthode* (1637), begins by asserting that 'Le bon sens est la chose du monde la mieux partagée'.

166   **ce soir:** 31 December 1982. The text is that of Mitterrand's televised New Year address, traditionally given by the President of the Republic.

167   **Ce que l'on appelle . . . de rigueur:** The so-called [economic] austerity policy. Under Mitterrand, the Socialist government introduced stringent deflationary measures (increased taxation; controls on public expenditure and wages and salaries), by several stages from March 1982; see Introduction, pp. 35–6.

qu'au lendemain . . . 1981: as in the period since May 1981, that is, of course, since Mitterrand and the PS came to power.

les chèques-vacances: a system of State assistance towards holiday travel and accommodation for lower-income families.

168   **les charges . . . financières:** finance and social welfare payments (paid by employing companies, whose profitability and growth are consequently restricted).

ce IXe Plan: The ninth French economic plan was initially adopted by Parliament in July 1983; it covered the period 1984–8.

T.G.V., réseaux câblés: high-speed train ('Train à grande vitesse'), (optic fibre) cable communication networks.

169   **nos moyens de dissuasion:** that is, France's strategic nuclear defence forces.

lorsque . . . dans l'opposition: Under the Fifth Republic the Left in general, and the socialists in particular, remained in opposition, throughout the 1960s and 1970s, until Mitterrand's presidential victory of May 1981. Here Mitterrand is speaking in an interview on Europe 1.

cela: that is, a resumption of economic growth, an improvement in the international economic situation.

170   **la monnaie étalon:** the principal international exchange currency.

La rigueur: see note to p. 167.

interdite devant: taken by surprise [and therefore unprepared] when faced with.

171   **dans les dix-huit mois qui viennent:** that is, from late 1985 onwards.

M. Delors: Jacques Delors, Minister of the Economy, Finance and Budget, in the third Mauroy government (March 1983–July 1984).

la majorité élue il y a deux ans: that is, the Left-wing (PS, PC) parliamentary majority elected in the Legislative Elections of June 1981.

173   **m'adressant à vous:** On 4 April 1984. Mitterrand is speaking to journalists at his press conference on industrial modernization, in particular that of the iron and steel industry in Lorraine. The text is his opening declaration, made before he responded to journalists' questions.

174   **débouchés:** (sales) openings, markets.

la consommation: that is, of iron and steel production.

cinq plans: State-financed rescue operations.

175   **les deux grandes . . . nationalisées:** namely, USINOR and SACILOR which were created as a result of the nationalization programme introduced by the socialist government in 1982.

les contribuables: the taxpayers.

coulera sans recours: will go under, collapse without hope (of rescue).

sur quelques zones: In the regions of Lorraine, Nord, Midi, and the south-west of the Massif Central.

des dispositions: measures, arrangements.

175–6 **à Sacilor-Sollac . . . à Neuves-Maisons:** locations of various iron and steel plants.

176   **les préretraites:** early retirements.

les congés-conversion: re-training programmes for workers whose jobs disappear. Mitterrand explains how these new programmes are to work in the following two paragraphs.

édictés: prescibed, laid down.

177   **le désenclavement:** the opening-up (literally, the disenclosure), by means of improved communications, of regions which previously were more or less difficult of access.

178   **l'exonération . . . à risques:** exemption from capital gains tax, exemption from tax on income deposited in joint industrial investment funds.

      les entreprises . . . en Bourse: firms not listed on the Stock Exchange.

      des actions: shares.

      l'amortissement: depreciation (of capital assets, allowable as a tax-break).

179   **une filière électronique:** A difficult notion to translate. In this sense 'filière' means a coherently structured sector of industrial activity (in this case in micro-electronics) which covers more or less comprehensively the sequence of stages from research to production through to marketing.

      productique: Mitterrand defines this in his next two words: the (electronic) automation of industrial processes.

      IUT: Institut universitaire de technologie.

181   **Bien . . . mes préférences:** Speaking at a presidential press conference, 21 November 1985. In firmly defending his government's record since 1981 Mitterrand was opening his campaign in militant support of the PS in the 1986 Legislative Elections.

182   **l'approche des . . . législatives:** Legislative Elections were to be held four months later, in March 1986.

184   **Mais la dénationalisation . . . et 1982:** as with various emphases was being suggested by the parties (RPR, UDF) of the conservative Opposition.